ENSINAMENTOS DA ANTIGA
FRATERNIDADE ROSACRUZ

ARNOLD KRUMM-HELLER

ENSINAMENTOS DA ANTIGA FRATERNIDADE ROSACRUZ

© Publicado originalmente por: *Celestial Connections USA*. Direitos adquiridos pela *Editora Isis Ltda*. 1ª edição Outubro de 2011.

Supervisor geral:
Gustavo L. Caballero

Tradução:
Toñi F. Castellón

Ilustrações:
Michael Osborn

Revisão de textos:
Juliana Rizzuto

Capa e diagramação:
Décio Lopes

Proibida a reprodução total ou parcial desta obra, de qualquer forma ou por qualquer meio seja eletrônico ou mecânico, inclusive por meio de processos xerográficos, incluindo ainda o uso da internet sem a permissão expressa da Editora Isis, na pessoa de seu editor (Lei nº 9.610, de 19.02.1998)

Direitos exclusivos reservados para Editora Isis

ISBN: 978-85-88886-83-4

EDITORA ISIS LTDA
www.editoraisis.com.br
contato@editoraisis.com.br

Índice

Introdução 11
História 17
   História 18
O Mestre Huiracocha 21
Origens históricas da Fraternidade Rosacruz 25
Soberana Grande Comendadoria S.S.S.
Nossa Fraternidade 45
   O homem de ontem e de hoje 47
Iniciações e Rituais 51
   Instruções especiais a todos os membros da Frat. R.C. Antiga.
   Dependência do S.S.S. 51
   Data de celebração 53
   Provisão para o Sanctum 53
   Preparação 54
   Cerimônia. 54

Disciplina individual 56
Oração 56
Exercício respiratório 56
Afirmação 57
Oração 57
Observações especiais 58
Introdução para os principiantes 59
A Vontade 60
A Iniciação 65
Significado da iniciação 66
O quarto da reflexão 67
Conselhos 67
O juramento 68
Os grandes mantras e sua entonação 71
Iniciação – Aspirante Rosacruz 75
Iniciação Rosa Cruz 79
Consagração 84
Continuando o cerimonial de recepção do candidato 84
Iniciação 85
Ritual 86
Ordenamento dos trabalhos em grupos de irmãos 87
Trechos selecionados para o aspirante Rosacruz 91
Obrigações diárias Nº. 1 93
Atos de consagração 93
Afirmações 94
Invocação 95
Prática do silêncio 97
Invocação à chama 98
Grande invocação de Luz 99
A eucaristia ritual 100
Ritual 101
Fórmula para distribuição 109
Metafísica prática 113

Disciplina individual –A 113
1º Mês. Disciplina A – Prática nº 1 (preparatória). 116
2º. Mês. Disciplina A – Prática nº. 2. (Preparatória) 117
3º Mês. Disciplina. A – Prática nº 3 118
4º Mês. Disciplina A – Prática nº 4. 119
A Prática do Silêncio – Aula Lucis Central (*Aula central da luz*) 121
   Mensagem do Soberano Comendador da F.R.A. 121
   Curso de Metafísica Prática para os Irmãos dependentes
   do SUMMUM SUPREMUM SANCTUARIUM 121
   1ª Lição – Disciplina A – Introdução 122
      Muito importante 126
   2ª – Lição Disciplina A – O Silêncio 127
   Preparação. 127
      Primeira Regra. 128
      Segunda Regra. 128
      Terceira Regra. 128
   Primeira Regra. 128
   Segunda Regra. 132
   Terceira Regra. 133
   Prática do silêncio. 134
   3ª Lição – Disciplina B. – Oração. 135
   4ª Lição – Disciplina B. – Intuição 142
   5ª. Lição – Disciplina B. – Guia interno 147
   6ª Lição – Inspiração. 152
   7ª Lição – Divina Luz 157
   8ª. Lição – Poderes invisíveis e sua influência 162
   9ª Lição – Realidade do ser 167
      Mensagem de saúde – O que é a saúde? 171
   10ª Lição – Conhecimento da verdade 173
      Mensagem de saúde (Continuação) 176
   11ª Lição – Deus 177
Magia Zodiacal. 183
   Signo de Áries 183
   Signo de Touro 186

Signo de Gêmeos 188
Signo de Câncer... 190
Signo de Leão 192
Signo de Virgem. 194
Signo de Libra 196
Signo do Escorpião 198
Signo de Sagitário.. 200
Signo de Capricórnio... 202
Signo de Aquário... 204
Signo de Peixes 206

Magia Rúnica 209
Runa: FA 211
Runa: URN 213
Runa: THOR ou DORN 215
Runa: OS.. 216
Runa: RITA 217
Runa: KAUN 218
Runa: HAGAL 219
Runa: NOT.. 221
Runa: IS 223
Runa: AR 224
Runa: SIG 225
Runa : TYR ↑... 226
Runa: BAR... 227
Runa: LAF Γ. 228
Runa: MΛN Ψ 229
Runa: IR λ. 230
Runa: EH 231
Runa GIBUR. Z 232

Prática do silêncio. 233
1ª. Prática – Signo de Áries. 233
2ª. Prática – Signo de Touro... 236
3ª. Prática – Signo de Gêmeos. 239

4ª. Prática – Signo de Câncer. 241
5ª. Prática – Signo de Leão. 243
6ª. Prática – Signo de Virgem. 246
7ª. Prática – Signo de Libra. 248
8ª. Prática – Signo de Escorpião. 250
9ª. Prática – Signo de Sagitário. 252
10ª. Prática – Signo de Capricórnio 254
11ª. Prática – Signo de Aquário. 257
12ª. Prática – Signo de Peixes. 259

Taumatologia 263

Introdução

A publicação deste livro é dedicada a Frater Aureolus, discípulo predileto do Mestre Huiracocha que, com sua dedicação e seu esforço, tornou possível a preservação e a difusão dos ensinamentos aqui publicados.

No ano de 1979, após várias tentativas inúteis para contatar a Fraternidade Rosacruciana Antiga de Krumm-Heller, pude finalmente fazê-lo com Frater Aureolus, que vivia em Valência, na Espanha.

Este inesquecível iniciado pode desfrutar, apesar de sua idade avançada e de adversas condições econômicas e de saúde, os antigos ensinamentos rosacrucianos escritos pelo Dr. Arnoldo Krumm-Heller.

Krumm-Heller rodeara-se de um grupo de discípulos, que, naquele tempo, administrava várias aulas da F.R.A. em pontos distintos do estado espanhol.

Os diferentes avatares, pelos quais passou durante sua vida, impediram a Aureolus de reorganizar a F.R.A na Espanha. Até os últimos anos da sua vida, durante os quais dedicou-se finalmente a difícil tarefa de reunir e de reescrever os ensinamentos que seu Mestre deixara.

No ano de 1939, em uma de suas viagens pela Espanha, Krumm-Heller confiara-lhe a tarefa de preparar seu filho, Parsival, para a sua futura missão direcionada à F.R.A. Por esse motivo, deixou Parsival a cargo de Aureolus, para que juntos, trabalhassem seu sistema esotérico na Espanha. Porém, o filho de Krumm-Heller, durante todos aqueles anos, não mostrou interesse em continuar o legado.

Com a morte do Mestre Huiracocha, o filho Parsival comunicou a Aureolus que seu pai o nomeara como sucessor na direção da F.R.A. Diante da recusa de Aureolus em assumir o referido posto, o mesmo Parsival Krumm-Heller teve de ocupá-lo, cortando, algum tempo depois, o contato com a Espanha, o que deixou os membros espanhóis perdidos, confusos e desanimados.

Quando Aureolus me encontrou em 1979, eu era membro de duas ordens que sempre tiveram uma estreita relação com a F.R.A.: a A∴A∴ (Ordem da Estrela de Prata) e a O.T.O.A. (Antiga Ordem do Templo do Oriente). Este fato animou Aureolus de forma considerável. Ele pode contar comigo no respaldo necessário para cumprir o seu objetivo: reorganizar a Fraternidade na Espanha. Pediu minha colaboração e como resultado entrou na A∴A∴ e autorizou-me a fundar a Aula Lucis Thelema em Sevilha da F.R.A.

No ano seguinte, o ilustre iniciado Rosacruz faleceu e deixou a F.R.A. espanhola sem sucessor na Comendadoria. A perda produziu grande confusão nas escassas aulas espanholas, e alguns dirigentes das aulas solicitaram-me para reorganizar a Fraternidade como Comendador. Por aquele tempo, tornei-me Frater Sênior da A∴A∴ e encarregado da Ordem na Espanha. Contudo, minhas atividades dentro da A∴A∴ e da O.T.O.A. e minha própria formação iniciática e esotérica impediam-me de levar adiante a missão. Em 20 de Agosto de 1980, estabeleci contato nos planos internos, diretamente com o Mestre R∴ e recebi a ordem de quando a O.T.O.A. estivesse estabelecida na Espanha e houvesse sido um bispo devidamente consagrado da Igreja Gnóstica neste país, eu me tornaria encarregado das aulas existentes da A∴A∴, através da sua via, a Igreja Gnóstica Alquímico-Cabalista. (Q.B.L.H).

Fui nomeado provisoriamente Comendador da F.R.A. o dirigente da Aula Lucis Helios de Barcelona, Frater Camael, e sua aula chamava Aula Mãe, com a finalidade de reagruparem-se sob sua direção, as aulas espanholas que se seguiram e os novos membros que viessem a ingressar.

Em 1981, designaram-me Soberano Grão Mestre da O.T.O.A. em nível mundial, por determinação do Hierofante Grão Conservador do R.A.P.M.M. e Patriarca da Igreja Gnóstica Spiritualis, Mestre Michael P. Bertiaux. Era o momento da O.T.O.A. tomar a direção da F.R.A. tal como havia ordenado o Mestre R∴

No ano anterior, Frater Camael como Comendador provisório e eu começamos a recopilar e repassar os cursos e ensinamentos do Mestre Huiracocha com a ajuda de alguns irmãos.

Um ano depois, fui consagrado bispo da Igreja Gnóstica e comecei a organizar a Igreja na Espanha, com a ajuda da Igreja Gnóstica da Itália, que permaneceu em estreito e permanente contato e colaboração.

Em 1983, foi concluída a organização da Igreja Gnóstica espanhola que começou a funcionar usando como fundamento de ensino os cursos da O.T.O.A. No final de 1984, as Aulas na F.R.A da Espanha foram totalmente encerradas e seus membros passaram a outras ordens e Fraternidades esotéricas. Mundialmente, ficaram apenas pequenos grupos independentes, disseminados pela América do Sul, Europa e Estados Unidos.

Diante dessa situação, refleti no que já anteriormente haviam feito Israel Regardie e Francis King com os ensinamentos e os rituais da Golden Dawn e da O.T.O.A., respectivamente: publicá-los para preservar esse legado para a posteridade. Porque havia grande possibilidade desses ensinamentos nas em mãos de grupos de iniciados muito reduzidos, unidos pelo juramento do segredo, desaparecer pouco a pouco. Foi o que aconteceu com grande parte dos escritos e ensinamentos esotéricos no passado, os quais, por terem ficado inseridos em círculos herméticos, morreram junto com seus guardiões e perderam-se para sempre.

A meados do ano de 1985, retomei contato nos planos internos com o Mestre R∴ para submeter à sua consideração o que havia decidido. Neste contato, o Mestre revelou-me a próxima morte de três adeptos que dirigiam sendas, ramificações da O.T.O.A. em três países diferentes, assim como a missão da F.R.A, fundada por Krumm-Heller. Alguns terminaram e outros, as Aulas estavam próximas do seu fim, e ficaria um enorme material para publicação a fim de preservá- -los e torná-los acessíveis para o futuro da humanidade e à coletividade esotérica em particular.

Por tudo que relatamos, torna-se possível a atual edição que apresenta os ensinamentos e as iniciações da Fraternitas

Rosicruciana Antiqua e esperamos que chegue em todos os rincões do mundo que se comunicam com a língua latina; esse mundo onde as rosas plantadas pelo Mestre Huiracocha, há mais de meio século, deram a fragrância espiritual aos que buscam a Luz.

Tau Baphomet IX°, X° e XI°.
Soberano Grão Mestre da O.T.O.A .

História

A Fraterna Rosacruciana Antiqua é uma Fraternidade iniciática que busca a felicidade de todos os seres humanos sem nenhum tipo de discriminação. Todos têm o direito a esta felicidade sempre que seja compatível com a felicidade dos demais e esteja de acordo com os princípios da Fraternidade Universal.

A F.R.A. entende que esta felicidade só é possível mediante um trabalho de regeneração que conduz o homem ao estado do autêntico do despertar e da liberação. Aceitamos a dor e o sofrimento apenas como um meio iniciático de aprendizagem e superação, mas não como um fim em si.

Quando o homem conhece as leis que regem seu mundo e o Universo, e sabe trabalhar com a força sem nenhum perigo, acha-se em posição de encontrar o caminho que o conduzirá à Verdade.

Os meios que a Fraternidade põe em mãos dos seus membros são puramente científicos e entranham um estudo e uma prática elaborada. Por ele todas as pessoas que, pelo simples fato de pertencerem a uma Fraternidade ou Ordem, creem que serão liberadas de todos os seus problemas, estão completamente equivocadas.

Aquele que for um autêntico pesquisador que deseje encontrar o caminho que o faça sair da escuridão para a Luz pode recorrer aos ensinamentos da F.R.A. porque está escrito: *"Pede e se te dará, chama e se te abrirá, busca e encontrarás"*.

A F.R.A. considera que o homem tem direito a almejar todo o bem-estar e para isso, deve lutar por um desenvolvimento integral e completo de todas as partes do seu ser. A F.R.A. não é partidária, nem contrária a nenhuma religião, limita-se a não aceitar nenhum dogma, nem intolerância. Não discute, nem trata de descobrir Deus a partir de um ponto de vista exclusivista ou personalista. Deixa que o EU Superior de cada um nasça em nós, para os que têm práticas especiais, os quais, sua grandeza é indiscutível.

A Sabedoria Rosa-cruz abrange o espaço e define-se no tempo. Do efeito à causa e da causa ao efeito, tudo se compreende, tudo se esclarece, pois a Luz da vida ilumina os fatos e trabalha para que justiça opere para sempre, porque nada está fora, nada está dentro, pois tudo é consequência de Causa e Efeito.

História

Os primeiros indícios que podem ser encontrados sobre a existência da mítica Fraternidade das Rosacruzes aparecem já nos fins da Idade Média, na obra de Dante, já que na *"Divina*

Comédia", ao descobrir o oitavo céu do Paraíso, faz menção a símbolos rosacruzes. Há de levar-se em consideração que Dante foi um dos chefes da Santa Fé, ordem de filiação templária.

Na literatura provençal do século XII existe uma obra chamada "Romance da Rosa" que pode ter uma gênese Rosacruz.

Em Colônia, apareceu um manuscrito sob o pseudônimo de Omnis Moriar que recolheu a existência de uma sociedade Rosacruz nessa cidade, em 1115. Também no "Rosário" de Arnoldo de Villanova, em 1230, há indicações Rosacruzes.

Em 1484, aparecem na Dinamarca traços de uma sociedade Rosa-cruz, com o nome de "Fraternitas Rosari Sleswicú Condito, ano 1484". Há evidências de que no século XVII, o rei da Dinamarca era o cabeça da Ordem Rosacruz.

Em 1571, funda-se em Lunemberg, a Militia Crucifera Evangelica. Nos manuscritos desta sociedade há referências à Rosacruz. Esta organização cooperava com outra na Holanda, conhecida como "Amigos da Cruz".

No século XVII, aparecem os tratados ao mundo civilizado a existência da Fraternidade Rosacruz. São estes os tratados:

- A "Fama Fraternalis da Meritória Ordem da Rosacruz", escrita em 1610, dirigida aos sábios e hierarquias europeias e publicada em Cassel, em 1614.

- A "Confessio da Fraternidade Rosacruz", escrita em 1615.

- As "Bodas Químicas de Christian Rosenkreutz", escrita em 1459, que circulou em forma manuscrita até 1601 e foi publicado no ano de 1616.

Durante o século XVII, unidades da Fraternidade eram bem conhecidos. Reuniam-se com frequência em cidades como Amsterdam, Dantzig, Nuremberg, Mântua e Veneza.

A Ordem floresceu na Alemanha entre 1641 e 1765. Em 1714, apareceu uma nova constituição a cargo do Irmão Sicero Renato. Nestas datas a organização tomou o nome de Rosacruz Dourada em dois ramos, a Cruz Rosada e a Cruz Dourada, ambas estabelecidas para dividir o trabalho alquímico em dois grupos. Posteriormente, esta Ordem estabeleceu laços fraternos com a Maçonaria e utilizaram lojas comuns sob o nome de Fraternidade da Rosacruz Dourada. Foi esta mesma ordem que publicou, em 1785, o "Símbolo Secreto dos Rosacruzes" em Altona, e é dela que se derivam, no século XIX, as Fraternidades Rosacruzes, S.R.I.A. na Inglaterra e a Ordem da Rosacruz esotérica de Franz Hartmann na Alemanha. Esta última fundiu-se à Ordo Templi Orientis e essa fusão surgiu, nos países de língua espanhola, a Fraternitas Rosicruciana Antiqua (S.S.S.) de Krumm Heller.

Após a morte de Krumm Heller, conhecido esotericamente como Mestre Huiracocha, em 1949, a Fraternitas Rosicruciana Antiqua começou um desmembramento progressivo nos distintos países em que existia. Alguns membros reorganizaram-se de forma nacional, outros fundiram-se à Ordem Templi Orientis, sobretudo na Europa.

Pouco a pouco, através das décadas da segunda metade do século XX, a Fraternidade reduziu as atividades para ficar limitada a um número escasso de grupos dispersos pelas Américas de fala hispânica e alguns países da Europa.

Em 1984, o Legado Geral da Espanha da F.R.A. e diretor da Aula, Lucis Thelema decidiu publicar os ensinamentos da Fraternidade com o fim de preservá-los para a posteridade e torná-los acessíveis a todos os estudantes de esoterismo.

O Mestre Huiracocha

O doutor Arnoldo Krumm-Heller nasceu em 15 de abril de 1876, na Alemanha, país que abandonou ainda muito jovem, para dirigir-se ao México, país onde residiam seus familiares. Posteriormente, transferiu-se para o Chile, onde casou-se aos 21 anos.

Após a morte da sua mãe, um fato doloroso para ele, entrou no espiritismo, esta seria a sua primeira aventura no ocultismo.

O entusiasmo inicial levou-o a fundar uma revista chamada "O Reflexo Astral" que lhe deu oportunidade para conhecer personalidades iminentes do ocultismo do seu tempo. Como consequência, esses contatos superaram suas ideias iniciais, e assim ele suspendeu a publicação, afirmando: "*O espiritismo havia sido para mim, como para quase os seus adeptos, uma questão de impressionabilidade. Vi que tinha uma filosofia, argumentos sólidos, aspectos científicos, porém, mais tarde percebi* que é mais acessível a face do ocultismo. Somos todos médiuns, mas não passivos, inconscientes, que, em vez de tratar de atrair os seres, transportamo-nos conscientemente até onde eles estão."

Começou a ler obras de ocultistas eminentes como Gérard Encausse "Papus", Eliphas Levi, Estanislau de Guaita, estudou a vida e a obra de Claude de Saint Martin, o filósofo desconhecido, e de seu Mestre, Martinez de Pascallis. De todos eles, disse: "*Estes autores são até hoje surpreendentes. Através de suas obras, o leitor que conhece as chaves e os segredos será um Rosa-cruz, assim como Nostradamus, Paracelso, etc.*".

Conheceu pessoalmente Leadbeater, durante a visita deste a Londres, em 1930. Foi amigo de Rudolf Steiner, a quem considerava um autêntico Rosacruz, Franz Hartmann e de Theodore Reuss. Também estudou com Mestre Therion. Junto com o Patriarca da Igreja Gnóstica Basilides, tomou contato com os autênticos gnósticos da "A Igreja Gnóstica".

Foi eminente maçom e ostentou os seguintes graus: 3º da Maçonaria Universal, 33º do Rito Escocês Antigo e Admitido e 97º do Rito Antigo de Menfis e Mizraim. Pertenceu a mais de 20 sociedades secretas, entre as que se encontravam a A.˙.A˙.˙. e a O.T.O., onde alcançou os graus máximos. Sua coroação trouxe uma fecunda vida espiritual e que tomou forma na Fraternidade Rosacruciana Antiga, seguindo as diretrizes imanentes dos Sumum Supremum Santuarium, do Mestre Racko-ckzy, investido como Comendador da F.R.A. para os países de língua espanhola. Ele mesmo definiu seus ensinamentos com as palavras seguintes: "*Minha filosofia é eminentemente prática*", o que ele pode demonstrar-nos através dos seus cursos. Suas ideias sobre a alimentação são: "*A Fraternidade representada por mim não exige de seus afiliados que se tornem vegetarianos ou consumidores de alimentos crus, nem tampouco aconselha o uso da carne, com exclusão de outros alimentos. Ensina a verdadeira dietética e permite que seus membros exercitem seu direito pessoal de escolher o que melhor lhes convenha neste sentido."* Visitou o Peru, a Argentina e outros países durante o ano de 1929. Em consequência da sua iniciação Inca, ocorrida na cidade de Cuzco, no Peru, tomou o nome de Huiracocha, com o que seria conhecido por todos os seus discípulos. Além de sua importante vida esotérica, foi excelente cientista. Estudou medicina e ciências naturais na Alemanha, França, Suíça e México. Neste último país desempenhou cargos públicos, entre eles, os de inspetor de escolas estrangeiras, médico militar na graduação de coronel, professor de idiomas e cônsul desse país, na Suíça e Alemanha. Foi designado Doutor Honoris Causa pela Universidade do México. Faleceu em Marburgo, Alemanha, a 19 de maio de 1949, com a satisfação de ver sua missão e sua obra cumpridas. A maioria de suas obras está publicada pela Editora Kier de Buenos Aires.

Origens históricas da Fraternidade Rosacruz

Rosacruz – **Alguns** acreditam que este nome está ligado ao de Cristian Rozenkreutz, nascido em 1378, que pelo ano de 1425, fundara a Fraternidade Rosacruz. Esta caiu no esquecimento, para ressurgir depois de quase dois séculos, mencionada pela "Fama Fraternatis R C.", obra publicada anonimamente em Cassel, em1614. Refere-se esta obra a uma Fraternidade oculta, fundada por um alemão, Cristian Rozenkreutz, dois séculos antes e de quem se faz a biografia.

Edições inglesas adotaram como pseudônimo por sua vez, de Cristian Rozenkreutz, o de "um Cristiano da Rosa Cruz", atribuindo aos demais a autoria a Juan Valentin Andrea, nascido em Wurtemberg, em 17 de agosto de 1586. Porém, outros com muito mais critério científico pretenderam ligar este título a um símbolo existente da mais remota antiguidade e referente a uma "Fraternidade de Iluminados".

Sobre a origem da denominação simbólica também há controvérsias. Alguns referem-se às palavras latinas "Ros", orvalho, e "Crux", cruz, uma vez que possuía o primeiro, entre todos os corpos da natureza, a propriedade do melhor poder para dissolver o ouro, representando a cruz, em linguagem alquímica, a "Lux". Assim, para a Luz era chamada a semente ou o monstro, um dragão vermelho de Luz grosseira, meramente material, que "uma vez purificada e transformada, produz o ouro". Não merecendo, entretanto, grande fé, uma vez que, para a maioria dos alquimistas, por "orvalho", subentende-se um vapor metálico que se produz sob os signos de Geminis e de Libra do Zodíaco alquímico, que é diferente do astronômico.

Sob outro ponto de vista, o mais difundido e aceito por administrar o melhor contingente de explicações simbólicas explica que a rosa que foi, desde todos os tempos, o emblema da beleza, da vida, do amor e do prazer, expressa misticamente todos os protestos manifestados pelo Renascimento. Reunir a rosa e a cruz, tal era o problema proposto pela alta iniciação. Há quem acredita que as letras F.R.C. traduzem Fé, Religião e Caridade, e que o símbolo Rosacruz significa o madeiro do Calvário, vivificado pelo sangue de Cristo.

Um dos colaboradores da Iniciação, assim se explica: *"Depois dos emblemas sob forma triangular, do selo de Brahtma, do triângulo da Santa Sílaba, o emblema Maçônico, o mais remoto que nos legou o sacerdócio antigo, é o da Rosacruz".* Atribui-se este último a Hermes-Thoth, no início dos Templos do Egito, passando pela Caldéia, intermediária forçada, uma vez que foi, para, entre seus magos, nos confins do Tibre e do Eufrates, que Cobyces, depois da conquista do Egito (ano de

525 a C.), dispersou todos os Sacerdotes iniciados desse país para sempre.

A Rosacruz personificava para os iniciados, a ideia Divina da manifestação da vida pelos dois termos que compõem o emblema. A rosa, o símbolo mais perfeito da unidade viva; primeiro, porque esta flor, múltiple em suas variedades, apresenta a forma esférica, símbolo do infinito e depois, porque o perfume que exala é como uma revelação da vida. Esta rosa foi colocada no Centro da Cruz, porque, para eles, esta última expressa a ideia de retidão e do infinito. Retidão, pela intercessão de suas linhas em ângulo reto e do infinito, porque estas linhas da cruz podem ser prolongadas até ela e que por uma rotação feita por sua vez, em pensamento, no sentido da linha vertical, representará o triplo sentido da altura, largura e profundidade. Este emblema tem por material o ouro, que na linguagem oculta significa Luz, pureza e, entre os quatro ramos da cruz, Hermes-Thoth havia escrito as quatro letras I.N.R.I., expressando cada uma delas um mistério.

Este talismã da cruz estelar é dotado de uma magia capaz de dominar a violência dos elementos, exclama Villers de L'Isle Adam: *"Diluído por miríades sobre a terra, este signo no seu sentido espiritual, expressa e consagra o valor dos homens, a ciência profética dos números, a majestade das coroas, a beleza da dor. É o emblema da autoridade, cujo espírito reveste secretamente um ser ou uma causa. Ela impõe, redime, prostra de joelhos e ilumina! Os próprios profanadores inclinam-se diante dela. Quem lhe resiste, torna-se seu escravo. Quem a nega sofre loucamente por desdenhá-la. Por todas as partes ela aparece ignorada pelos filhos do século, mas é inevitável. A Cruz é a forma do homem quando estende seus braços ao desejo ou se resigna com seu destino. Ela é o próprio símbolo de amor, sem o* qual todo ato permanece estéril. *Porque na exalação do coração manifesta-se toda a natureza predestinada."*

Todos sabem que a Cruz não é apenas um símbolo cristão, mas uma representação do sacrifício do Espírito na matéria. Desde as épocas mais remotas tem sido usado este símbolo pelos povos mais antigos. Assim, é encontrado no Egito como Ankh; entre os toltecas no México como o sacrifício de "Quetzalcoatl", crucificado numa cruz de Santo André; na Índia, entre os gnósticos; os cabalistas e os hebreus, sendo também usada nos Mistérios de Eleusis.

A lenda do cavalheiro cristão Rozenkreutz parece ser uma simples história mitológica de origem alemã. Pode dar origem, sob o ponto de vista oculto, a várias interpretações. Assim conclui Sedir. Note-se que Rozenkreutz foi a Damasco, como São Paulo, para lá encontrar o Cristo vivo na natureza. É por isso, que seus discípulos confessavam e, ainda confessam a Jesus.

A Germânia, onde está situado o Quartel Geral Rosacruz, não é, como assegura Michel Maier, o país geograficamente conhecido com este nome (Alemanha), mas a terra simbólica que contém os germes das rosas e dos lírios onde estas flores crescem de forma perpétua nos jardins filosóficos nos quais nenhum intruso consegue penetrar.

Kazauer cita uma tradição segundo a qual F.R.C. viera da Ásia, conforme as palavras: *"Israel ut Roza florevit et radix ejus quasi libanon"*. Notemos que o escudo de armas de Lutero leva um coração pendente de uma cruz cercada de rosas, porém isto não prova que ele tivesse sido o fundador, exclama Arnold. Maier. E ainda acrescenta: *"Todas as ordens de cavalaria que combatiam por Deus tem como selo as duas letras R.C., mas o verdadeiro R.C. traz um selo de ouro e quando se interpõe o sol entre C. e R. obtém-se a palavra cor, órgão principal do homem e único sacrifício do Senhor".*

Fludd disse que os R.C. chamam-se filhos de Deus e que a rosa é o sangue de Cristo, que, sem a cruz interna e mística, não existe nem abnegação, nem iluminação. *"Os R.C. buscam o Reino de Deus, a regeneração em Jesus Cristo, lendo o único livro da Vida. Os R.C. pretendiam dar ao homem interior, o Cristo, ao homem material, a ciência total pela sua Vida; ao homem social, o Paraíso sobre a Terra, tudo simbolizado e significado pelo número sete dos sábios, das artes liberais e das maravilhas do Mundo. Para os R.C., o enigma do mundo não era senão o declínio perene do Verbo na carne e a regeneração desta pelo espírito; o abismo torna-se Luz, por misericórdia; Deus realiza-se no homem, pelo Messias."*

O olho de Deus vê, cria e conserva tudo; o seu olhar é a Luz da graça, é o Ergon, Eva celeste, o agente da regeneração. A circunferência dessa Luz é a escala ao Céu, o sacramento por excelência do Rosacruz.

Papus manifestou: *"O primeiro ritual Maçônico, unindo os maçons do espírito com os da matéria, foi composto pelos irmãos iluminados da Rosacruz, dos quais os mais evoluídos são: Robert Fludd e Elias Ashmole".*

Referindo-se à chave dos graus simbólicos, Papus disse: *"Cada uma dessas adaptações pode ser aplicada ao mundo espiritual, compreende-se que como verdadeiros iluminados poderiam realmente encaminhar a Luz da verdade. A Luz que ilumina qualquer homem vindo a este mundo para o Verbo Divino, ou seja, os profanos chamados à iniciação. Para isso, era necessário que a chave fundamental e hermética dos graus da sua adaptação fosse mantida por uma universidade também oculta. Tal era o papel que estava reservado aos Rosacruzes e aos iniciados judaico-*

cristãos". E continuou: "*É assim que encontramos o grau verdadeiramente cristão da Maçonaria; o grau a que os R.C. deram o nome da sua Ordem e no qual encerravam, à parte, a mais pura da tradição. Daí que os materialistas, não compreendendo nada disto, dirão que este grau é uma criação dos Jesuítas, irritados por verem a Cruz e o Cristo glorioso num Templo Maçônico, dirão que o grau é uma criação de Satã!*".

O grau R.C. Maçônico esclareceu: "*É a tradução física dos mistérios que conduzem ao título de Irmão Iluminado da Rosacruz. Título este que não pertence à Maçonaria, senão à da sua criadora, Sociedade dos Iluminados. Um R.C. maçom, quando tem consciência do seu grau, pode ser considerado como um aprendiz iluminado e possui todos os elementos de um alto desenvolvimento espiritual.*" (Ciências Ocultas).

Estanislau de Guaita expressou um comentário sobre uma graduação oculta do "Amphitheatrum Sapientiae Aeternae" de Henri Kunrath (fins do século XVI): "*Esta estampa, denominada Rosacruz, ou também o Cristo na Cruz, representa a iniciação teórica para o conhecimento do Verbo vivente no mundo. No centro da figura, um Cristo crucificado em uma rosa de Luz representa o Adamkadmon, emblema do grande Arcano e parece indicar a identidade da essência do homem síntese e do Deus manifestado; é a ilustração do primeiro capítulo do Evangelho de São João. Para falar em linguagem católica, a esfera inferior, onde está escrito o nome Ain-Soph, é o Deus, o Pai; a Rosa de cinco pétalas do centro, é Deus Filho; a esfera inferior, denominada Emeth, é o do Espírito Santo; as duas esferas extremas perdem-se nas nuvens do Atzebuth, para indicar seu caráter oculto. Acima da esfera de Ain-Soph encontra-se o triângulo IEVE, no qual, I é o Pai; IE, o Filho; IEV, o Espírito; IEVE, o Universo vivo. A pomba que resiste por cima da esfera do Aemuth é a dupla corrente de amor que une as três pessoas. É a figura do Cristo irradiando as chamas dos dez Sefiroth, como tantas janelas abertas sobre o grande Arcano do Verbo.* Esta figura crucial, cercada de flor pentaphylla (Rosa), é o Verbo encarnado na matéria." É o conselho dado ao estudante com que Guaita termina seu sábio comentário: "Como a álgebra, a Cabballah tem suas equações e seu vocabulário técnico".

Leitor, existe uma lacuna a ser preenchida, a qual com uma maravilhosa precisão o compensará suficientemente pelos esforços que seu espírito fará durante o tempo de estudo.

Papus distingue correntes tradicionais dedicadas ao estudo do ocultismo, a partir da era cristã, sendo a corrente Rosacruz a síntese de todas elas. Síntese esta, imposta, mas nem sempre preocupada com a boa mentalidade das escolas anteriores.

Entre estas correntes está o Gnosticismo, cujas teorias não deixam de ser fragmentos do antigo politeísmo, que, por sua vez, é uma deformação do monoteísmo dos caldeus e dos cabalistas, dos brâmanes e dos filhos de FO-HI: revivificadas pelo Evangelho.

O símbolo R.C. aparece pela primeira vez em público em uma explicação alegórica no "Céu" de Dante, composto por uma série de círculos cabalísticos, divididos por uma cruz, como o pentáculo de Ezequiel, e no centro dessa cruz floresce uma rosa.

Buhle afirmou que os Terapeutas e os Essênios foram os verdadeiros antepassados dos R.C. *"A alquimia não é senão uma arte secundária. Os R.C. preferem a virtude ao ouro. As épocas de ação dos R.C. são determinadas pelo conhecimento do astral e pelas leis de evolução do ser humano. O objetivo dos processos de divulgação é recordar o desejo de serem escolhidos, sendo estes últimos, pouco numerosos. Filhos da Verdade, não há senão uma Ordem, uma Confraria, uma associação de homens pensando da mesma maneira, cuja a finalidade é adquirir a Luz. A multiplicidade está no cerimonial exterior, a verdadeira não está senão no interior... A verdadeira comunidade de Luz não pode ser senão uma."*

Há os que admitem que a Ordem Rosacruz teve sua origem e concepção no Egito, nas atividades da grande Loja Branca, no princípio da XVIII dinastia. Se por meio dos hieróglifos, gravados nos obeliscos e nas paredes dos Templos, os egípcios procuraram perpetuar seus conhecimentos e sua erudição, os segredos da natureza, da ciência e das artes, entretanto, não os transmitiam às massas.

Para estudar esses ensinamentos formaram-se escolas ou classes, entre os mais eruditos, os quais assistiam os discípulos selecionados. Nestes mesmos locais foram ensinadas as doutrinas e os princípios científicos, mantendo-se isolados em grupos ou na quietude dos Templos, erguidos em honra dos deuses egípcios, ou nas próprias habitações particulares dos faraós reinantes.

Surgiu assim, uma sociedade muito secreta e autocrática formada pelas mais seletas mentalidades, que se denominou a Grande Fraternidade Branca.

O faraó, em cujo reinado ela surgiu, Ahmose I foi o Mestre da Escola Secreta durante três anos. Thutmose III organizou a atual forma física da Fraternidade secreta entre 1500 e 1447 a.C.. Nesse tempo foi fundado o Supremo Conselho, composto por doze irmãos e irmãs (nove irmãos e três irmãs) que, no final do reinado desse faraó, já contava com 39 irmãos e irmãs, com reuniões regulares e sistemáticas realizadas nas salas do Templo de Karnack.

Amenhotep IV foi o último grande Mestre da estirpe do Fundador, tendo seu Pai construído o grande Templo de "Luxor" (na margem oriental do Nilo), dedicado à Fraternidade. Ele instituiu o culto de um só Deus, uma Suprema Divindade cujo espírito residia no céu e a manifestação física era o sol, símbolo da Vida.

Amenhotep adotou o codinome Akhenaton e ergueu "O Amama" um grande Templo em forma de cruz para a Fraternidade. Há quem afirme que foi ele quem reuniu a cruz e a rosa como símbolo e adotou a cruz ansata como distintivo de todos os Mestres. Faleceu em julho de 1350 a.C.

Max Heindel assim referiu-se às origens R.C.: "*Os sucessos futuros projetam sua sombra antecipadamente e quando os grandes Guias da Humanidade veem certa tendência para o ultramaterialismo, que se expande agora para o mundo ocidental, tomam certas medidas para resistir-lhe e transmutá-lo, em tempo. Não desejam, de modo algum, matar a ciência florescente, como procurou esta fazer com a religião, porque eles veem que o bem de forma definitiva, surgirá quando uma ciência avançada tenha-se convertido novamente em colaboradora da religião. Uma religião espiritual não pode unir-se a uma ciência materialista, como o azeite não se mistura com a água. Por esta razão foram tomadas medidas para espiritualizar a ciência e tornar científica a religião*".

No século XIII, um grande instrutor espiritual com o nome simbólico de Cristian Rozenkreutz, marcou o princípio de uma nova época espiritual no mundo ocidental. Esse ego particular esteve em contínuas existências físicas e em vários países europeus. Tomava um novo corpo cada vez que seus veículos perdiam sua vitalidade ou quando as circunstâncias lhe impunham mudanças no campo de suas atividades. Ainda hoje está encarnado, sendo um iniciado de grau superior com grande poder e atividade nos assuntos do Ocidente, porém mantém-se desconhecido para outros no mundo.

Trabalhou com alquimistas durante centúrias inteiras, antes do avanço das ciências modernas. Foi uma personalidade que inspirou as obras de Bacon e Jacob Boheme, entre outros, de forma espiritual. Também podemos citar sua influência nas obras do imortal Goethe e nas do Mestre Wagner. Todos os espíritos inquietos, que recusam alimentar-se da ciência ou da religião ortodoxa, que fogem da escravidão e procuram adentrar nos domínios espirituais, sem ambição de glória ou vaidade, baseiam-se em suas inspirações da mesma fonte, como fez, e ainda o faz, o grande Espírito que animou Cristian Rozenkreutz. Seu próprio nome é a encarnação da maneira como o homem atual transformou-se no Divino Super-homem. Esse símbolo: Cristian Rozenkreutz, Cristiano da Rosacruz, mostra a finalidade e o objetivo da evolução humana, o caminho que deverá percorrer e os meios pelos quais se alcançará. A cruz negra, as hastes gêmeas verdes da planta, os espinhos e as rosas vermelhas mostram a solução do Mistério do Mundo: a evolução passada, a constituição presente e em especial o segredo do futuro: o desenvolvimento do homem. E ainda assim o disse: "*A ordem da Rosacruz não é simplesmente uma sociedade secreta, é uma dessas escolas dos Mistérios Menores, guardiãs dos sagrados ensinamentos que têm um poder espiritual muito mais potente, na vida do mundo ocidental visível; ainda que não interfiram nos destinos da humanidade e muito menos para privá-la do seu livre-arbítrio.*

Nestes últimos séculos, desde a origem da ciência moderna, uma humanidade mais intelectual povoa a Terra; o cérebro vence completamente o coração; o materialismo domina todo o impulso espiritual e a maioria das pessoas pensantes não crê em nada que não possa tocar, provar e cheirar. Portanto, é necessário que se faça um chamado ao intelecto para que o coração possa acreditar naquilo que o intelecto havia sancionado. *Respondendo a esse desesperado chamamento, os Ensinamentos Misteriosos da Rosacruz procuram estabelecer contato, relacionando os fatores científicos com as verdades espirituais"*. Mais adiante, ao referir-se às sete rosas, manifestou: *"As sete rosas indicam que ainda há sete grandes hierarquias criadoras em atividade para o desenvolvimento dos seres da Terra. Como todas essas várias classes, da menor à maior, não são senão parte do Único Grande Todo, que chamamos Deus; todo o emblema é um símbolo de Deus em manifestação".*

A Vida Divina manifesta-se no homem através dos sete centros de força, os chacras. Muito breve veremos confirmada assim, a conclusão a que por fim chegamos. Assim, compreendemos o que foi dito até aqui que, em 1614, surgiu em Cassell, como já foi mencionado anteriormente, um escrito anônimo e denominado "A Reforma Geral", cujo principal fragmento chama-se "Fama Fraternitatis". Obra a qual se refere a uma Fraternidade oculta, fundada, 200 anos atrás, por um alemão, Cristian Rozenkreutz.

Nascido em uma boa família, Rozenkreutz ficou órfão e foi educado num convento, que abandonou aos 16 anos para viajar à Arábia, passando por Egito e Marrocos. Esteve com os sábios, e no seu convívio, aprendeu uma ciência universal e harmônica, que, por sinal, os sábios europeus a ridicularizavam. Bebeu desta ciência no "Liber Mundi", que ele traduz, sendo também conhecido de um tal Theophrasto. Concebeu um plano de reforma universal, política, religiosa e artística para sua execução, a que associou os irmãos "G.V.I.O." e instruiu seus colaboradores em uma casa chamada "Santispiritu". Mais tarde, reuniu-se com irmão R.C., filho do irmão do seu Pai morto, o irmão B., pintor, e aos irmãos G.G. e P.D. Ensinou-lhes sua língua mágica e exigiu voto de castidade, deu-lhes o nome de Rosacruz. Eles, de forma conjunta, escreveram um livro, contendo "*tudo o que um homem pode desejar, pedir e esperar*".

De resto, entre os livros da sua biblioteca filosófica, "Axiomata" passou a ser o mais importante, "Rotae Mundi", o mais engenhoso, "Protheus", o mais útil.

Em seguida, os irmãos percorreram o mundo, depois de ter-se comprometido a submeterem-se às obrigações seguintes:

1. Não exercer outra profissão, senão a de curar gratuitamente.
2. Nada de uniformes exteriores.
3. Reunirem-se todos os anos no dia C. no Templo do Espírito Santo.
4. Escolher um discípulo.
5. Guardar a palavra R.C., que será seu distintivo.
6. Permanecer ocultos cem anos.

Como complemento da "fama" apareceu, em 1615, outro escrito sem encadernação, denominado "*Confessio fraternitatis rosas crucis ad eruditus europje*". A obra aborda mais minuciosamente a reforma do mundo e revela o nome do fundador da Fraternidade: Cristiano Rozenkreutz, nascido em 1378. Além disso, deixa claro a necessidade de aperfeiçoar a filosofia, o que auxiliaria que ela expandisse para Índias e o Peru e explica a metamorfose, por meio do canto, as rochas em pedras preciosas. Rozenkreutz recebeu tanta Luz, vida e esplendor, como Adão, antes do pecado original.

O melhor livro é a Bíblia; mas somente o eleito de Deus poderá participar dos tesouros R.C. O Confessio dá também algumas explicações sobre a finalidade e o espírito da Ordem: "Compreende vários graus. Não apenas os grandes, os ricos e os sábios, mas também os humildes poderão ser escolhidos, se mostrarem aptos aos trabalhos da Fraternidade, que possui mais ouro e mais tesouros do que todo o Universo poderia produzir. Com tudo isso, não constitui o objetivo principal da Ordem. O que os irmãos preferem antes de tudo é a verdadeira filosofia". A Reforma, a Fama e a Confessio são as únicas manifestações escritas originais dos R.C. Essas obras tiveram uma repercussão prodigiosa e suscitaram inumeráveis publicações contra e a favor. Assim, para alguns, a F.R.C. é provocativa e reformadora, sob o ponto de vista religioso; para outros, alquímica, mágica, paracelsiana e ainda para outros, apenas uma loucura.

Um dos resultados imediatos ao aparecimento da Fama foi o de provocar o embuste de uma multidão de charlatães que se faziam passar por membros da Fraternidade, prometiam curas maravilhosas e diziam possuir segredos alquímicos; apenas arruinavam a saúde e a fortuna dos ingênuos que lhes davam crédito às suas palavras. Fludd denunciou esses indivíduos que, usavam o título de R.C., professavam uma magia supersticiosa, uma astrologia fantástica, uma alquimia falsa e uma cabala mentirosa. Da mesma maneira houve livros muito pouco recomendáveis, publicados em seu nome. Não há nenhuma dúvida quanto ao fator de haver surgido, no plano físico, a F.R.C., na Idade Média, ligada ou não ao nome de Cristiano Rozenkreutz, pouco importa.

Da aparição das três obras antes citadas, data recentemente a prova pública dos ensinamentos R C. Apesar de tudo, seu símbolo surgiu há muito, muito tempo atrás, pois a Rosacruz, repetimos, personificava, para os iniciados, a ideia de uma manifestação da vida divina na matéria, pelos dois termos que compõem seu emblema. Assim, porque não ligamos o símbolo Rosacruz " às sete rosas sobre a cruz", aos sete centros de força ou chacras, através dos quais flui a vida espiritual, que vivifica a vitalidade do nosso corpo e desenvolve esses centros de força, para fazê-los florescer sempre e cada vez mais na proporção em que progredimos a caminho da Evolução? E o que representa o nosso corpo físico, senão a verdadeira cruz simbólica, bastando, para isso, que abramos os braços? Qual mais nobre e elevada missão senão a de vivificar, em seu próprio corpo, essas rosas que uma vez desenvolvidas em todo seu esplendor, conduzirão o homem ao estado de Super-homem ou de Iniciado? Por que haveremos de comparar esses centros de força à flor de lótus, originária do Oriente, e não às Rosas, símbolo da vida divina manifestada para nós, os ocidentais?

Se, muitas vezes, a manifestação simbólica limita-se apenas a uma rosa sobre a cruz, isso acontece para sintetizar as sete, não uma única. Como já dissemos anteriormente, a rosa simboliza "a vida divina manifestada", sendo através desses centros de força, os quais, ela atua sobre nosso corpo; nada mais importa do que a simplicidade de sua expressão simbólica, sejam as rosas resumidas e representadas apenas em uma: naquela que, sendo a cruz, o elemento representativo do homem com os braços abertos, está colocada no ponto correspondente à laringe do seu corpo, que corresponde ao centro de força, onde se manifesta o "verbo criador" e simboliza a "Aurora da vida eterna". Por isso, podemos afirmar que, a Fraternidade R. C., no que tem de essencial, surgiu quando o homem apareceu sobre a Terra, tal testemunha o simbolismo do seu emblema.

A existência histórica dos R.C. passa a ser contestada posteriormente a 1614, pois procuravam sempre passar despercebidos e ocultavam sua doutrina e seus segredos do público.

As primeiras obras, Fama, Confessio e Reforma, vem sendo impugnadas ao longo dos anos, atribuindo-lhes mera fantasia.

Agora, o homem não pode criar o inexistente; o que podemos supor senão a transcrição, mais ou menos exata ou fiel de ideias, de formas, de harmonias, existentes de um modo perfeito, em qualquer parte do Universo.

Quando nosso planeta entra numa fase de duras provas, torna-se necessário que a Misericórdia Divina se demonstre mais fortemente; surge então a Fraternidade R.C. no plano físico, para, com seus ensinamentos, auxilie a humanidade a suportar resignadamente as provações, compreendê-las com elevação e vencê-las com valor. Assim existiram, existem e existirão sempre R.C., ainda que isso não implique em negar também a existência de charlatães que abusem do seu nome.

Porém, é necessário separar o joio do trigo. Por isso, todos aqueles que se mostrarem contrários aos ensinamentos de Cristo, manifestarem um egoísmo cego, procurarem impor-se pela cumplicidade dos seus ritos, por pré-julgamentos ridículos de uma falsa hierarquia, cheia de prejuízos ou usarem da tirania ou da intolerância, são usurpadores e pretensiosos R.C.

Os verdadeiros R.C. nunca revelam seus mistérios de forma pública, inclusive boa parte dos seus manuscritos, sendo que os poucos remanescentes encontram-se em bibliotecas onde não há acesso aos profanos. "Reunir a Rosa com a Cruz", tal era o problema proposto pela alta iniciação; e, de fato, a filosofia oculta, sendo a síntese universal, a que deverá encarnar todos os fenômenos do ser. A religião, considerada unicamente como um fator fisiológico, é a revelação e a satisfação de uma necessidade das almas. Sua existência é um fator científico; negá-la, seria negar a própria humanidade. Ninguém a inventou, formou-se como as leis e as civilizações, pelas necessidades da vida moral.

Considerada apenas sob o ponto de vista filosófico e restrito, a religião deverá ser encarada como fatal, tanto que se explica tudo pela fatalidade e como divina, se admite uma inteligência suprema, como fonte das leis universais.

Agora se segue daí que, o caráter de toda religião propriamente dita, é o de revelar diretamente a divindade por uma maneira sobrenatural, nenhum modo de transmissão, dando ao dogma uma sanção suficiente. Conclui-se, portanto, que, a verdadeira religião, é a religião revelada, sendo assim natural que não se adote nenhuma, senão quando se lhe crê como tal.

Toda religião exige verdadeiros sacrifícios, nenhum homem tem o poder e nem o direito de impô-la aos seus semelhantes, pois está acima das condições da humanidade. Partindo desse princípio e, rigorosamente racional, os R.C. mantêm e observam com o máximo respeito na religião dominante: hierarquia e revelação. Sobretudo o que principalmente impressiona aos leitores dos escritos R.C. é que eles oferecem, para obter a pedra filosofal ou o elixir da longa vida, muito mais do que preconizam para alcançar ou conseguir tal grau de saber.

Os R.C. trouxeram aos europeus do século XVIII, arruinados pelas guerras entre o catolicismo e protestantismo, desagregados em sua potência pelo espírito crítico, palavras de paz e de concórdia. Em meio ao egoísmo universal, lembrarão aos homens que todos são irmãos, filhos de um mesmo Pai, em meio à anarquia invasora; mostrarão que o Cristo havia descido para estabelecer o equilíbrio entre todas as divergências e que voltará, todavia, para reunir em um só corpo todos os que são fiéis servidores. Aqueles que cumprirem esta função cósmica terão o direito ao título de Rosacruz. Porém, quem poderá dizer quais são esses seres no complexo da sua personalidade, uma vez que, sabemos que a Rosacruz manifestada, não é senão uma parte, um reflexo da verdadeira Rosacruz? Existem almas que são unidas por um verdadeiro amor, que não alimentam o fogo interior senão pelo sacrifício e que incessantemente se elevam acima do material, do exterior e do próprio humano. Estas almas de elite recebem como recompensa o milagroso dom da presença real. *"Seus corpos estariam separados de toda a vastidão do Zodíaco, de toda a extensão dos séculos; suas inteligências seriam divergentes, estas almas jazem unidas para sempre".* Assim foram e são os Rosacruzes; presentes, diante uns dos outros, são a manifestação corporal, a mesma sensação intelectual que alguém muda de ideias para estabilizar. Esses seres vivem numa comunhão mútua e permanente, mais além das fronteiras do Criador.

Tais como estrangeiros e caminhantes sobre a Terra, não desejam do mundo nem a beleza, nem a glória, nada, senão seguir de acordo com a vontade de Deus; corrigem-se, reanimam os tímidos, por todas as partes e restabelecem a harmonia. Por onde passam, o deserto transforma-se em verdes prados. Se falharem, os corações abrem-se ao afeto do Divino Pastor. Eles preparam o caminho para Aquele que deve vir. Cavalheiros do espírito, nada os preocupam, a não ser o espírito e este espírito os liberta de toda a limitação, os eleva por cima de toda necessidade. Ele os nutre, os inspira, os conforta. Ressuscita-os após suas inumeráveis existências, como contingência para os apóstolos de Deus e de Cristo. Vivem do Absoluto e vivem entre o Absoluto. Adaptam-se aos costumes do país em que se encontram, caminham entre os homens, arriscam-se a serem descobertos; unicamente seus companheiros os reconhecem por certa Luz interior. Cristo disse: *"Que o mundo não os conheça".* Por isso, quando mudam de país, também o fazem com seus nomes. Podem também adaptar-se a todas as condições, a todas as circunstâncias, falam cada uma das suas línguas. Fazem de tal modo, que aquilo que tenha de ser dito ao mundo, o seja;

entretanto não animam seus apologistas, muito menos se preocupam de refutar seus opositores.

Estes como aqueles se comportam de acordo com o que são, capazes, conforme a Luz que têm diante dos olhos. Citemos o eminente discípulo Eckhartshausen que disse: *"Esta comunidade de Luz existe desde o primeiro dia da criação do mundo e sua duração irá até o último dia dos tempos.... Ela possui uma escola, na qual o próprio espírito de sabedoria instrui aos que têm sede de Luz, e todos os mistérios de Deus e da natureza são nela conservados para os filhos da Luz".*

Essa escola de sabedoria foi, desde seus primórdios, a mais secreta e oculta do mundo, porque era invisível e submetida unicamente à direção divina.

No seu De Mineralibus, o grande Paracelso declarou: *"Nada de oculto que não deva ser descoberto. É assim que, depois de mim, aparecerá um ser prodigioso que revelará muitas coisas".* Mais adiante, ele completa: *"(...) que deverão permanecer ocultas até o advento de Elias Artista. Elias Artista! Gênio diretor dos Rosacruzes, personificação simbólica da Ordem, embaixador do santo Paracelso. Paracelso, o grande, predisse tua vinda. Oh! Sopro coletivo das generosas reivindicações. Espírito de liberdade, de ciência e do amor, que deves regenerar o mundo!"*

E assim, ele continua: *"(...) todas as coisas favoráveis a ti chegarão como é desejado; contudo, os homens confundidos tomam-nas como milagre. Porém, os tempos e a idade própria trarão essas coisas consigo, quando chegara hora solar; será necessário que elas se realizem e é para isso que Ele virá".*

Quem é, pois, o que deverá vir? O Espírito radiante com os ensinamentos integrais dos R.C., Elias Artista! Ninguém poderá definir o que seja Elias Artista. Tudo o que se poderá dizer é que é uma corrente atrativa, agregada, harmoniosa e que tende a reunir todos os indivíduos em algo único, homogêneo. "Ele pertence à hierarquia de que as pedras são um grau mais inferior. A pedra sente, tem consciência. A inteligência, a bondade, a sensibilidade está em toda sua parte e assim também o amor. As pedras, em nosso planeta, são quase inertes, mas na outra extremidade do Reino mineral universal, há pedras que são tão diferentes das nossas, como nós o somos dos seres que dirigem os cometas e que, entretanto, são também pedras, mas pedras vivas, refletindo o esplendor da eternidade, que São João viu e descreve no Apocalipse". É deste mundo que dependia e que depende ainda, todavia, a Rosacruz.

A Terra tem necessidade de que suas energias se afirmem. O término da evolução do mineral é o cristal. De acordo com isto, os R.C. eram minerais espirituais e queriam estender esses fenômenos a todo o Universo. Um homem, por meio desses sistemas de uso dos iniciados nas criptas da Índia ou nos pagodes do alto Camboja, poderá aprender a governar seus pensamentos, de modo que seu corpo mental torne-se um diamante.

Quando vários homens se reúnem e formam uma assembleia fixa e vigorosa, como se dava nas dinastias primitivas; constituem um "cristal" social. Assim, é possível encontrar entre as células de um povo ou de uma raça, uma combinação tal, em que não haja oprimidos nem opressores. Tal é o sonho permanente dos R.C.; que, explica a universalidade dos seus trabalhos, no plano da matéria, em que buscam uma medicina para todos; no intelectual, o cânon do saber integral; no social, a dinastia; no etéreo, uma monarquia universal; no místico, uma religião igualmente universal e finalmente no humano, a verdadeira Fraternidade, também universal.

Este ideal é perfeitamente realizável. Unicamente do mesmo modo que, nas entranhas da terra, as partículas minerais sofrem durante séculos para chegarem ao estado de cristal, assim, nas sociedades e os povos padecerão durante séculos até alcançarem a unidade que Cristo pediu ao seu Pai, para seus discípulos: "*Que eles sejam uno, como nós o somos*". Compreende-se, assim, que o querer tornar-se R.C. no plano físico é quase uma utopia, pois como já dissemos pela boca de alguém a Rosacruz manifestada não é senão uma parte, apenas o reflexo Rosacruz integral. Por isso, nós, a quem o destino já nos uniu em aspirantes a Rosacruz, destino esse que jamais representa ocaso, pois tal palavra não existe para os estudantes de ocultismo. Cerremos fila e juntos, unidos somaremos nossos esforços, não para despertar o Cristo que se encontra em nossos corações, pois Ele está sempre desperto para romper os sete véus de Ísis, que impedem que Ele a nós se manifeste e expulsando a serpente que, como no homem tenebroso de Guichtel, enlaça nosso coração e, ainda que com ele sangrando, estabelecemos a comunicação com Cristo, a fim de que suas forças e seus eflúvios Divinos caiam sobre nós, para que floresçam as rosas sobre nossa cruz e possamos pelo seu fulgor ingressar na Santa Fraternidade dos Iniciados.

Soberana Grande Comendadoria S.S.S. Nossa Fraternidade

Já temos cinco ou seis ordens ou Fraternidades Rosacruz, na Europa e na América, e não vamos discutir desta vez, quais são as legítimas, senão vamos buscar o essencial e o característico nelas para que cada um dos novos afiliados, nas diferentes sociedades, examine sua consciência e determine por si só onde deve estar.

Vamos conceder a todas as sociedades boa-fé e mérito. Somente estabeleceremos diferenças e sinalizaremos onde está o dever, onde nos chama o sangue e a raça. Deixemos de lado todos os que temos chamado de Rosacruz, que viveram antes da chamada fundação da Ordem de Cristiano Rozenkreutz e seus companheiros, antes da publicação da Fama Fraternalis.

Não há dúvida e ninguém pode negá-lo, que todos os primeiros Rosacruz foram alemães e a Ordem floresceu na

Alemanha, e foi nesse país, que deixaram seus ensinamentos em documentos escritos. E após isso, vieram sinais na França, Inglaterra e Estados Unidos.

Foram os alemães, homens nórdicos, cujo único propósito foi desenvolver os poderes internos, que o lograram, todos, sem exceção, mediante as práticas que nos deixaram e sua filosofia mística.

Passaram-se séculos e então vemos que as religiões, a Maçonaria e outras sociedades valeram-se dos ensinamentos R.C. e os adotaram, pouco a pouco, para seus próprios fins.

Os judeus introduziram sua Cabala e seu Talmud e os conectaram com as Ciências Herméticas do Egito e Babilônia.

Os cristãos, tanto católicos como protestantes, tiveram sua conexão com a Palestina, o Egito e a Grécia e fundiram-se em só ramo. A Maçonaria criou o grau 18. Assim, os mesmos Rosacruzes começaram a dividirem-se.

Hoje, os chamados Rosacruz concentram sua atenção sobre os ensinamentos da Índia e repetem as publicações dos teósofos e sobretudo, da sra. Blavatsky, e assim se chegou pouco a pouco em uma verdadeira confusão, onde ninguém se entende.

Todos seguem sobre terrenos muito explorados e é muito difícil que tragam algo novo. Qualquer artigo que tomemos de suas Revistas, qualquer uma de suas práticas em seus Cursos, são completamente falhos em originalidade.

A Fraternidade Rosacruz da Idade Média preocupou-se, sobretudo com o corpo humano, seu funcionamento e suas enfermidades, por isso sempre dedicou-se à cura do corpo. Sem dúvida, nosso campo de ação, onde temos que despertar os poderes. Alguns deles rejeitam os estudos de nossas glândulas, recusam com energia os estudos sobre assuntos sexuais e nós indicamos em nossa novela Rosacruz que damos instruções em nossos Cursos e ensinamentos nas Aulas.

Ninguém pode negar que estamos vivendo em uma época que necessita uma nova era, registrar novos rumos, já que principia um novo ano cósmico. Assim como nas escolas e universidades, de ano em ano, aumenta-se ou troca-se o plano de estudos, pois não seria possível repetir sempre as mesmas "disciplinas"; quando se passa de um ano a outro, vêm novos temas e mudança de professores.

Na época de Touro, a humanidade teve como principal escola o Egito. Está comprovado que em Áries, os judeus tiveram que tomar a direção do ensino e que o Cristianismo, ao iniciar-se a constelação de Peixes dera seus rumos. Porém, o olhar aparta-se do Oriente e vamos com passo firme ao Ocidente, somente assim podemos continuar a obra dos Rosacruzes nórdicos do século XIV.

Os centros de nossa Fraternidade Antiga encontram-se em todos os países e o trabalho realizado é um labor sério, em busca da verdade. Muitas vezes, em outras sociedades, a riqueza material é a que ajuda chegar aos altos postos ou graus. Entre os verdadeiros Rosacruzes é apenas a riqueza da sabedoria que trará a seu dono a honra e a consideração diante dos demais. Somos pesquisadores da última essência do saber, aspiramos à claridade e à iluminação, para chegar à alta causa de servir a Deus e a Humanidade. Alcançamos assim a paz, os poderes ocultos e uma clara visão dos seres e fatos da eterna verdade.

O homem de ontem e de hoje

Fala-se, no esoterismo, que a epífise ou glândula pineal é o vestígio de um terceiro olho atrofiado na espécie humana; órgão que, numa humanidade anterior, proporcionava-lhe um sexto sentido. Este terceiro olho deve ser despertado e posto novamente em funcionamento por aquele que aspira à iluminação.

Esta outra humanidade, que hoje conhecemos como Atlântida, possuía a faculdade de poder alargar qualquer dos seus órgãos. Inclusive, hoje em dia, esta função permanece, de forma real, num órgão da humanidade atual: o membro viril e o clitóris feminino.

Estes órgãos possuem um tecido chamado cavernoso, de caráter erétil, cheio de vasos sanguíneos englobados entre fibra de tecido elástico, que, ao encher-se de sangue, tornam possível a ereção ou o estiramento e aumento de tamanho do órgão a que pertencem.

Na Atlântida, todos os órgãos e membros possuíam a referida característica e por isso tinham a faculdade de alargar-se. Hoje em dia, a humanidade encontra esta função reduzida a um só órgão e além do mais se requer um estado psíquico especial para que se efetue a referida ereção.

Steiner afirma que, na época lemúrica, os fenômenos de respiração e de nutrição realizavam-se de forma distinta da atual. Afirma que naquela época a nutrição efetuava-se mediante uma espécie de sêmen líquido, cristalino, de origem solar, adequado à sua própria constituição. Os pulmões, não estavam organizados como agora, para respirar ar. Tampouco os órgãos da visão eram iguais aos olhos atuais.

No livro dos Mortos egípcio e na Bíblia, fala-se de acontecimentos que se sucederam da noite para o dia, para significar que no início da espécie humana houve um silêncio ou torpor prévio. Por isso, cada povo, ao se constituírem as distintas raças, conservou características diferenciadas. Por isso, o desenvolvimento humano há de ser no seio da sua própria cultura.

Mencionamos o Egito porque os princípios egípcios na época das pirâmides foram um fato. Hoje em dia a vida se repete igualmente como naquela época.

Naquela era, a religião e a ciência não estavam separadas, como aconteceu posteriormente em séculos posteriores. E agora há uma tendência geral para o reencontro da espiritualidade e da ciência, já que a ciência, por aproximar-se das bases e leis originais do Universo e a religião, por desfazer-se dos dogmas e falsidades da puerilidade humana que prevaleceu nas épocas obscuras da sua história, chegaram ao mesmo ponto. O homem encontrou novamente o caminho que o levará ao seu destino no seio da Luz e há de levar em sua mão direita, a ciência e na sua mão esquerda, a religião e o esoterismo, como sempre fizeram os Rosacruzes, ao longo dos séculos.

Iniciações e Rituais

Instruções especiais a todos os membros da Frat. R.C. Antiga. Dependência do S.S.S.

De acordo com as antigas tradições e costumes da F.R.C., os membros em todo o mundo celebram o Ano Novo Rosacruz no mês de março. Existem alguns fatos interessantes associados a esta celebração que, devem ser familiares a cada membro, a fim de que possam participar da comemoração, ainda quando se encontrem longe de alguma aula, ou fora de qualquer contato físico com outros membros.

Antigamente, o ano começava com o Equinócio da Primavera, o dia 21 de março ou um dia próximo. Este é o princípio natural do Ano Novo, pois é a época em que todas as forças da natureza renascem e em que se sucedem novas manifestações para o ciclo dos meses.

Nós que vivemos no Norte ou em Zonas Temperadas, percebemos como aporta vida nova a primavera nas manifestações da natureza, depois de alguns meses de letargia e passividade. Para nós, parece mais lógico considerar o início da primavera como o princípio do ano. Antes que o homem houvesse introduzido mudanças arbitrárias no calendário, os Antigos julgaram que o Equinócio da primavera anunciasse o ano novo e em muitas regiões do Oriente, o que ainda prevalece esta crença; época de encontremos em harmonia com as leis da natureza e com os costumes orientais. A F.R.C. adota o sistema antigo; e por meio de um proclama formulado pelo Comendador, esta Jurisdição assinala um dia no mês de março em que todas as aulas, todos os ramos e todos os membros da nossa organização celebram o princípio do ano novo.

Desde os tempos imemoriais, nos mistérios antigos, iniciava-se o ano com o equinócio da primavera e nós, como R.C., vamos continuar com este costume, reservando para a celebração, a quinta-feira mais próxima do dia 21 de março. Em todas as aulas da Fraternidade, realizam-se cerimônias no Templo e uma celebração que inclui a ágape do ano novo, seguido pela instalação dos novos oficiais do ano em cada aula. Em todos os ramos autorizados da organização na América, comemora-se uma cerimônia similar com a instalação dos novos oficiais para o ano seguinte.

Todas as aulas devem ser notificadas ao seu tempo; quanto à celebração, os detalhes do programa e ritual que se há de usar, uma notificação deverá ser-lhes enviada em forma oficial, antes do dia 21 de março. Confiamos em que todos os membros participarão da ágape deste dia, quer se encontrem presentes ou não, numa aula ou grupo reunido.

Os membros das aulas nacionais, como os graduados dos outros países postulantes e os grupos de neófitos, deverão proceder de acordo com as instruções. As aulas nacionais deverão ser marcadas em seu calendário correspondente, de modo que a data não seja esquecida; deve dispor-se a participar da celebração, se lhe for possível. O contato que cada membro tem com os outros membros, altos oficiais e Mestres da Ordem é de considerável importância tanto no plano físico como no espiritual.

Data de celebração

Os que participaram das celebrações, declaram que ficaram altamente inspirados ao trazer para si a harmonia cósmica adicional ao anoitecer da quinta-feira, 24 de março, ou qualquer noite depois, tão próxima quanto possível do dia 21. A qualquer hora, entre o declínio do sol e a meia-noite, cada irmão ou irmã deverá retirar-se ao seu Sanctum em sua própria casa, para orar e meditar. Antes que chegue a hora, porém, cada qual deve prover-se do seguinte:

Provisão para o Sanctum

Um par de velas novas que não tenham sido acesas antes; um pouco de incenso, novo, se possível; um pedaço de Pão de centeio negro; algumas nozes salgadas (amendoins, avelãs ou outras bem salgadas) e um copo de Vinho simbólico. Deve ser de suco de uva, pois a constituição da nossa Ordem estabelece que somente nesta ocasião, no ágape do ano novo, se use Vinho simbólico, devendo ser suco de uva sem fermentar, e na celebração da eucaristia gnóstica também deve usar-se este Vinho. Somente um copo é o necessário.

Preparação

Já obtidos estes produtos e colocados no Sanctum, a pessoa deverá preparar-se, purificando seu corpo, tanto exterior como interiormente. A purificação interior acompanhar-se-á de alguns minutos de autoexame, antes de entrar ao Sanctum: descobrir se possui algum pensamento perverso ou pernicioso e extirpá-lo. Então, concentra-se por alguns minutos na Divindade que agora se encontra mais difundida em cada um, posto que todo o Divino foi dirigido ao corpo. Com a convicção de que um Ser Divino reside no corpo limpo, aproxima-se do Sanctum e entra.

Cerimônia.

Acenda as duas velas e coloca-as sobre o Altar, enquanto diz: "COM A LUZ PURA EU ILUMINO O SANTO LUGAR E INICIO OUTRO ANO NOVO DE ESPLENDOR". Depois sente-se diante do Altar e contemple em atitude reflexiva e espere ver seu quadro místico ou uma mudança. Isto requer 5, 10 ou 15 minutos.

Quando nenhuma mudança significativa tenha ocorrido, levante-se e com os braços e as mãos cruzadas sobre o peito e diga: "NESTA HORA, CONSAGRO-ME NOVAMENTE AOS PUROS PRINCÍPIOS E DOUTRINAS DA ROSACRUZ; QUE EU POSSA SER UM MELHOR SERVIDOR DE DEUS NO SEU VINHEDO". Depois coma alguns pedaços de pãezinhos e nozes salgadas. Em seguida faça uma pausa e diga: "EM MEU CORPO ALIMENTEI-ME DO MILHO, QUE SIMBOLIZA OS ELEMENTOS DA VIDA VEGETAL E DO AR E O SAL DA TERRA QUE REPRESENTA OS ELEMENTOS MINERAIS,

DELES ESTÁ CONSTITUÍDA A MAIOR PARTE DO MEU CORPO". Tome alguns goles do Vinho e exclame: "NESTE FLUIDO ENCONTRO SIMBOLIZADA A FORÇA VITAL DA NATUREZA E O ACRESCENTO AO MEU CORPO A FIM DE PODER ASSIMILAR A TERCEIRA ESSÊNCIA SIMBÓLICA DA MINHA EXISTÊNCIA, ESTE É O ESPÍRITO QUE ME DÁ A TRIPLA EXPRESSÃO. INICIO O PRÓXIMO ANO COM REJUVENESCIDO VIGOR, FÉ, ESPERANÇA E DEVOÇÃO.

ASSIM SEJA".

Depois de ter feito isto, acenda o incenso. Se puder concentra-se no ano que está entrando, em suas possibilidades, suas oportunidades.

Deve dar por terminados os trabalhos.

Dedique 10 minutos a esta meditação.

Depois, levante-se e olhe para as velas com as mãos estendidas em direção a elas e diga: "SALVE, Ó, ANO DE VIDA, LUZ E AMOR, TU ME SERVES COMO EU SIRVO A DEUS E A MEUS SEMELHANTES NESTE MUNDO".

Em seguida apaga as velas e saia do Sanctum, depois de ter feito o Sinal da Cruz.

Nota: O sinal da Cruz Gnóstica se faz como segue: colocam-se ambas as mãos na altura da testa e se diz: "A TI". Em seguida, abaixam-se as mãos formando ângulo e se diz: "PERTENCE". Em seguida se levanta cruzando-as e se diz: "O REINO". E novamente na altura da testa se diz: "DA JUSTIÇA". E estendendo-as, diz-se: "E A MISERICÓRDIA". E assim se segue dizendo: TIBI SUNT MALCHUT GEBURAT ET CHESET PER EONAS.

Disciplina individual

1. Ao levantar-se, pela manhã, e à noite, antes de se deitar, em pé a frente do nascente (Leste) pronuncie a seguinte oração, sentindo-se uno com seu conteúdo:

Oração

AMOR PURO QUE REINAS SOBRE TODO O UNIVERSO, enche plenamente meu coração e meu corpo, a fim de que possa amar com todas as minhas forças o Divino Senhor da Criação, a meus próximos e a todos os seres viventes.

Divino Mestre dou-te graças por tudo quanto fizeste por mim. Deposito em ti toda a minha confiança, as minhas esperanças e tenho absoluta fé no teu saber infinito, na tua onipotência divina e no teu imenso amor para com todas as criaturas.

SABEDORIA Divina, reflete-te continuamente no meu espírito.

Sê Tu a minha Luz, meu amparo e meu guia e assim caminharei firmemente no caminho da justiça e da verdade.

Assim seja.

Exercício respiratório

2. Faça três respirações rítmicas pela manhã e à noite. Esta respiração se pratica da seguinte maneira: Deite-se de costas e conte mentalmente até o número seis e inspire o ar. Retenha-o e conte até quatro e expire o ar novamente contando até seis. Conte mentalmente um intervalo até quatro e comece novamente com a seguinte respiração, e siga assim até completar três vezes.

Afirmação

3. Faça sete vezes a seguinte afirmação, procurando sentir-se uno com o sentido da afirmação: "EU SOU O EQUILÍBRIO PERFEITO QUE A TUDO CONTROLA".

Esta afirmação pode ser feita durante o dia e em todos os momentos possíveis.

4. Faça a disciplina do mês
5. E encerra o trabalho com a seguinte oração

Oração

Abençoados sejam os que viveram antes de nós, os que estão conosco e os que nos seguem e graças sejam dadas aos seus Mestres Diretores Invisíveis.

Abençoados sejam os que estão acima, abaixo, à direita e à esquerda e venham a nós as forças nelas incorporadas. Abençoe-nos Ó FORÇAS CONCENTRADAS NOS NAHUAS, na loja Branca de MONTSERRAT e nas obras espargidas pelo mundo e permite que os Irmãos Invisíveis cuidem desta criatura (dizer aqui o nome do solicitado), até o fim dos seus dias.

Assim seja.

6. Antes de deitar-se à noite, repita a oração da manhã e o exercício respiratório, depois faça as seguintes afirmações:
EU TENHO CALMA.
EU TENHO DOMÍNIO PRÓPRIO.
EU SOU FELIZ.
EU AMO A TODOS OS SERES DA CRIAÇÃO.
EU VIVO NA ABUNDÂNCIA.
EU EXPRESSO A VERDADE PELA MINHA PALAVRA.

EU CREIO NO PODER DE DEUS.

EU SEI QUE SOU UMA PARTÍCULA DO GRANDE TODO.

Encerre o trabalho com a oração: "Abençoados sejam...".

Observações especiais:

O estudante deve esforçar-se para:

- Não pronunciar palavras injuriosas e obscenas.
- Não alterar a voz sob nenhum pretexto.
- Evitar a conversação inútil, deprimente ou escandalosa.
- Não olhar com malícia, nem com intenções sexuais.
- Rejeitar críticas ou falar com sarcasmo.
- Faltar com a verdade.
- Na ocasião das reflexões: manter-se sempre alegre, tranquilo e bondoso para com todas as pessoas.
- Mastigar muito bem os alimentos e comê-los pouco a pouco. Evitar quanto seja possível, tomar água durante a alimentação.

Introdução para os principiantes

A Fraternidade Rosacruciana Antiga vem trabalhando durante séculos pela felicidade dos seres humanos sem distinção, através do estudo e investigação todos os problemas que se relacionam com origem, evolução e destino da Humanidade. Proporciona aos seus afiliados práticas especiais que os levam ao desenvolvimento e aperfeiçoamento material, mental e espiritual.

Suas portas estão sempre abertas para receber em seu seio a todos os investigadores sinceros e bem intencionados, que queiram assumir para tal fim os compromissos necessários de honra e de cavalheirismo.

Prosseguimos com as primeiras instruções que depois de serem lidas e meditadas, poderão servir de base para uma deliberação posterior.

A Vontade

Quem lhe fala não interessa saber, se tens realmente sede, beberás a água cristalina e fresca da fonte, quer seja num copo de barro, de cristal, ou de ouro.

Escuta minha voz que anseia por guiar-te. Minha voz é para todos e para ninguém. Escuta-a, se te parece proveitosa, recebe esta minha dádiva de amor.

IRMÃO seja quem for, minha pessoa não deve lhe interessar, pois pertence ao Reino de Maia e tu sabes muito bem que Maia é ilusão, recebe pois, dela o mais puro que possuí. Sei que isto que vou lhe dizer, será útil como a todos os que queiram um centro de amor, para salvar o amor do mundo.

Sei que esta semente não se perde e é oportunamente frutificada. Não interessa que eu não a veja frutificar, nem você tampouco que satisfaça sua curiosidade. Por outro lado, os ensinamentos que recebes através dela não são meus porque eu nada possuo, são seus e de todos os seres, porque em todos existe a sabedoria e a sagrada Luz.

Desejo lhe dar uma série de conselhos, dos quais este é o primeiro: IRMÃO, você que desejas ser Rosacruz, deve saber que não vai pertencer a uma das muitas instituições ou sociedades, mais ou menos idealistas, mais ou menos filantrópicas, ou a uma igreja, ou a uma ordem a mais, não, ASPIRAS PARTICIPAR DE UMA FRATERNIDADE INICIÁTICA UNIVERSAL: esta é a FRATERNIDADE ROSACRUZ. E para nela ingressar, seu desejo deve ser único: SERVIR, amar aos outros de tal maneira que frutifique tua pessoa em benefício ao sacrifício da humanidade.

Dá o prêmio do seu esforço a TEU SENHOR e a TEU DEUS, fazendo que sua vida siga pelo único caminho: o do serviço. Por isso, antes de servir eficientemente a humanidade, de acordo com o plano Divino, precisa se preparar para ele.

Antes de socorrer um irmão, um companheiro de aula ou a um ser qualquer, deve estar puro a fim de se tornar NUM PERFEITO AUXILIAR DO MESTRE. E, para ser puro, tem que vencer a sua personalidade, terá que empunhar com decisão a lança da sua vontade. Liberta-te do marasmo da sua indolência, afasta os vícios que denigrem sua personalidade e interrompem seu trabalho. TOMA A LANÇA DO CONQUISTADOR DO GRAAL e procura caminhar na vanguarda dos seus irmãos; antes de tudo, porém, purifica e desperta a força invencível da sua vontade. O Rosacruz nada poderá fazer sem vontade e por isso nosso lema é: THELEMA; VONTADE DIVINA.

Precisa de vontade para se purificar das máculas e impurezas que conspiram contra sua personalidade. Precisa de vontade firme e decidida para se libertar dessa personalidade martirizada, porque o Rosacruz que não tem vontade de se corrigir de um vício, por menor que seja não pode aspirar ao batismo da verdade iniciática.

Precisa de vontade para o trabalho que se exige de você, porque deve saber que o trabalho Rosacruz apoia-se no estrito cumprimento do mandato que exerce e do dever que lhe assiste. Se não tens vontade, Irmão, como pretendes que os Mestres te confiem qualquer missão em benefício da Humanidade?

Assim, que isto seja seu primeiro passo: vontade de sua, exclusivamente sua, depende o impulso que te permitirá avançar neste caminho. Ninguém poderá fazê-lo por ti, o que apenas poderão fazer é ajudar-te a vislumbrar a senda para que sigas na função da tua iniciativa. O caminho é duro e cheio de espinhos.

Para ajudá-lo a caminhar por esta senda do serviço, necessitas ser homem de vontade, porque, uma vez no caminho, te sentirás angustiado, teus pés sangrarão e teu corpo desfalecerá. Se, não obstante, tiveres vontade, todo este pesar e as dores desaparecerão. Sê, pois, franco e nobre contigo mesmo. Eu te rogo, não te enganes. Os Mestres não se enganam com os que se propõem profanar a senda, antes de adquirir a vontade necessária. Se teu desejo é sincero, começa, desde já, não te creias sozinho, és uma das muitas ilusões que Maia utiliza para esconder a realidade. Quando para tua vibração chegar à verdadeira tonalidade, compreenderás que nunca estiveste só. Que te sirva de alento e estímulo, não dês ouvido às críticas e às mistificações, sê valente. Se conviveres com outros irmãos, se tens condiscípulos, procura dar-lhes os melhores exemplos. Não critiques nem difames a ninguém, deves ser benévolo. Que tua divisa seja esta: Primeiro, a obediência e depois, trabalho. Primeiro os outros e depois tu.

O Rosacruz deve pensar primeiro nos outros, que em sua própria pessoa. Por isso, antes de terminar quero falar-te das orações e dos provérbios, que permite de fato dizer-te que deves orar sempre, constantemente, porque só desse modo entras em contato com os seres superiores, que se servem destes momentos para instalarem em tua alma a coragem e a fé e te auxiliam para que possas levar a verdade e a Luz a outros corações sedentos de redenção. Os resultados são maravilhosos.

Se por acaso fores assaltado pela inércia ou indiferença, concentra-te e pede a teu Deus: VEM SANTO QUERER, DIVINA ENERGIA VOTIVA, E TRANSMUTA MINHA VONTADE, FAZENDO-A UNA COM A TUA.

O homem, por mais que seja senhor da sua vontade, sente-se fraquejar, frequentemente, com uma existência quase nula. Deves, portanto, Irmão Meu, forjar, com vontade forte e enérgica como as da tua própria crença. Para isso, inicia agora mesmo marca um horário de verdadeiro trabalho que procurarás cumprir, desde que te levantas até que te deites. Uma vez em teu leito, farás um exame de consciência das tuas palavras, dos teus feitos práticos durante o dia e por um esforço de concentração da vontade, procura corrigir estas falhas em que caíste e evitarás seguir caindo sucessivamente. TERÁS TÃO POUCA ENERGIA QUE TE JULGARÁS INCAPAZ DESTE PRIMEIRO PASSO ROSACRUZ?

A Iniciação

Todo aspirante deve compreender os mistérios da INICIAÇÃO ANTIGA para compreender e praticar a consciência, a verdadeira INICIAÇÃO MODERNA. Todos os mistérios antigos eram símbolos de coisas futuras que devem acontecer. Para compreender a verdade devemos estudar os símbolos antigos que são o caminho reto para a sabedoria.

Os egípcios praticavam a iniciação na grande pirâmide. Este monumento maravilhoso não foi nunca a tumba dos faraós, como pretendem demonstrar alguns sábios. A grande pirâmide é cópia fidelíssima do corpo humano e podemos dizer simbolicamente que é a tumba do Deus íntimo que se encontra dentro do homem.

Para que o homem volte à unidade com o Deus íntimo, deve buscar sua própria iniciação no seu mundo interno, assim como, nos tempos antigos, o aspirante devia penetrar no interior da Grande Pirâmide em busca da grande iniciação.

Significado da iniciação

Iniciação é o esforço que realiza o homem para ingressar, para ir dentro de si mesmo, em busca das verdades eternas que nunca foram expostas à Luz, ao mundo externo. Iniciação é equivalente à religião de *RELIGARE*, religare, RELIGAR-SE novamente; é a volta do filho pródigo ao seio do Pai, depois de ter errado longo tempo no mundo material, sofrendo miséria e fome.

O INICIADO é o ser que reconheceu seu erro e voltou a ingressar ao interior da casa paterna; enquanto que o profano fica fora do Templo da sabedoria, longe do real conhecimento da verdade e da virtude, seguindo a satisfação dos seus sentidos externos.

Assim, portanto, este ingresso (Iniciação) não é e nem pode considerar-se unicamente como material, nem é a aceitação de uma determinada associação, senão como ingresso em um novo estado de consciência, uma maneira de ser interior, da qual a vida exterior é um efeito e consequência. O renascimento apontado no Evangelho é a transmutação do íntimo estado do homem, para efetivamente iniciar-se e ingressar numa nova vida que caracteriza o verdadeiro iniciado e, como supõem muitos que podem chamar-se iniciados a partir do momento em que começa a Iniciação.

A Iniciação é o renascimento iniciático, ou seja, a negação dos vícios, erros e ilusões que constituem os metais grosseiros ou as qualidades inferiores da personalidade, para a afirmação da verdade, da virtude e da realidade, que constituem o OURO PURO DA INDIVIDUALIDADE. A perfeição do espírito que se expressa em nós, através dos nossos ideais elevados.

O quarto da reflexão

Todo homem, ao fechar os olhos, encontra-se no seu quarto de reflexão, com seu isolamento e a escuridão que representa. É o período das trevas da matéria física que rodeia a alma para sua completa maturidade.

O quarto escuro é a reflexão, é o símbolo do estado de consciência do profano que anda nas trevas e por esta razão encontram-se nele os emblemas da morte e de uma lâmpada sepulcral. O candidato deve ser livre e se despojar das qualidades inferiores, vícios e paixões do seu intelecto, além de suas crenças e dos seus julgamentos; deve aprender a pensar por si mesmo e continuar como um cego.

O quarto de reflexão significa o isolamento do mundo exterior. Para poder penetrar no estado íntimo, no mundo interior de onde devem ser dirigidos nossos esforços para chegar à realidade. É o "SE CONHECER A SI MESMO" dos iniciados gregos, é a fórmula hermética que diz: "VISITA O INTERIOR DA TERRA – RETIFICANDO ENCONTRARÁS A PEDRA ESCONDIDA". Quer dizer, desce às profundezas do ser e encontrarás a "PEDRA FILOSOFAL" que constitui os segredos dos mais sábios.

Conselhos

Conselhos do ser interno, com o objetivo de guiar o homem à verdade e ao poder.

1º. Se uma vã curiosidade te conduz aqui... SAI!

2º. Se rendes homenagem às distinções humanas, VAI... porque aqui não se conhecem.

3º. Se tens medo que te joguem na cara teus defeitos, NÃO SIGAS ADIANTE.

4º. Espera e crê, porque ver e compreender o infinito é caminhar para a PERFEIÇÃO.

5º. AME os bons; compadeça e ajude os fracos; fuja dos embusteiros e não odeies NINGUÉM.

6º. O homem mais perfeito é o que é mais útil aos seus irmãos.

7º. Não julgues ligeiramente as ações dos homens; louva pouco, adule menos e não censures nem critiques nunca.

8º. Leia e aproveite; olhe e imite; reflita e trabalhe; procure ser útil a teus irmãos e trabalharás para ti mesmo.

9º. Pense sempre que do pó nasceste e em pó te converterás.

10º. Nasceste para MORRER.

O juramento

É a obrigação que deve apresentar o candidato diante da ARA (seu coração, Altar de Deus); prossegue com os olhos vendados (não pode, todavia, ver a Luz). Quando o Mestre dá a ordem de ajoelhar-se, o candidato deve fazê-lo sobre seu joelho esquerdo, não apenas significa respeito e ser devoto, mas que também, nesta posição, põe-se em contato com as correntes terrestres que tendem a subir, direcionadas às que vêm do alto; o candidato forma o ponto de união entre ambas.

O discípulo, nestas circunstâncias, sente um frio que o traspassa; é a nudez da Cruz quando a Rosa se afasta.

É o frio da alma, quando não recebe o calor da caridade.

É o frio do arrependimento que entra na consciência do arrependido por haver atentado contra a justiça divina. Já logo a vida e o calor do Santo Graal virão assisti-lo em todas as suas empresas que estão encaminhadas para o bem e para o amor. Toma nota de tudo quanto diga neste momento transcendental (o juramento), para amanhã, não converter-se em perjúrio, já que a ninguém se lhe obriga jurar, se é que não pretende cumprir seus deveres para com Deus e para consigo mesmo e seus semelhantes.

Os grandes mantras e sua entonação

O Pranaiama, dizem os hindus, tem seu paralelo falado no mantra yoga e os hindus têm um cuidado supremo para que nunca se revele o segredo da pronunciação. Não obstante, sinto-me obrigado com meus discípulos em dar-lhes a entonação, tal como é pronunciada pelos manuscritos mais secretos.

O mantra é ponte de união entre o ego interior e a respiração. Não se esqueça disso, pois é muito importante. Sem o uso do mantra, a respiração apenas produz efeitos físicos.

O mantra é usado primeiro, pronunciando-o dez vezes com toda a voz e depois sete vezes calado e devagar; busque sempre sua tonalidade própria, e por último, três vezes só mentalmente ou apenas perceptível. O mantra sempre deve ser rítmico, quer dizer, musical.

O AUM é um mantra conhecido por todos os iniciados, mas raras às vezes se usa só.

A força dos mantras está no seu valor coletivo, quer dizer, é preciso que muitas pessoas o entoem simultaneamente. Milhares de iniciados, em todas as partes do mundo, na Índia, no Egito, nas sociedades secretas da Alemanha, fazem soar estes mantras diariamente e

AUM-TAT-SAT-AUM

AUM-TAT-SA-AUM

Logo no mês de novembro o

AUM-MANI-PADME-HUM

AUM. MA-NI. PAD-MEHUM

Para seguir em dezembro com,

AUM-SHI-VA YA-VA-SHI

AUM-SHI-VA YA-VA-SHI AUM-SHI-VA YA-VA-SHI

Se os imitam meus discípulos estabeleceremos contato com um poder vibratório muito poderoso e imenso.

Atenção, pois, todos os membros da nossa Fraternidade pronunciarão durante o mês de outubro o:

Aum shiva yavashi, que significa paz, silêncio é o aspecto absoluto e masculino da deidade; VA, corresponde a energia e é o aspecto feminino da deidade. Este mantra, conforme o Mestre Therion na sua Mística nº 4, expressa toda a rota do Universo do

A KA DUA

TUIF UR BI-U

BI A´A CHE

FU DU NER A FAN-TE – RU

zero ao infinito, de volta ao zero. Logo, até final do ano solar, isto é até 21 de março, o:

[partitura musical: A ka dua — Tuf ur biu — Bi A´a chefu — Dud ner af na nutero.]

Todos os afiliados a uma loja farão o seguinte exercício respiratório:
Inspire o ar profundamente pelo nariz e expire pela boca. Sempre no mesmo ritmo de sete em sete vezes. O ambiente está cheio de substâncias em estado coloidal e que, com o Prana que levamos ao nosso interior, aumentamos nossa vitalidade, saúde, potência, intelectualidade e espiritualidade. Ao expirar o ar, visualize que toda sua debilidade, estado enfermiço, ignorância e maldade saiam expulsos e desgastados. Este exercício deve ser feito antes de pronunciar os mantras.

Nota: Acompanhamos a parte musical da introdução ao ritual, oxalá os Irmãos aprendam este coro a quatro vozes.

Iniciação
Aspirante Rosacruz

O quadrado que deve haver entre o centro do Templo contém o círculo triplo, tendo um M2, e é para imantar o Templo; assim como todos os Irmãos darão voltas ao redor, seguindo a direção que dá, com a mão esquerda estendida sobre o quadrado.

A iluminação total do Templo deve manejar-se por uma só chave geral, nº 924, ou seja, de quatro tempos:

1. movimento para prender todas as Luzes;
2. para manter acesas as do centro do Templo e as do dossel;
3. para apagar as do Templo e deixar as do dossel e
4. para apagá-las totalmente.

Deve-se ter um pequeno gongo para fazer os sinais convencionados. Ao iniciar-se a cerimônia, o Templo encontra-se a meia-luz, e como trilha sonora, Ave Maria de Charles Gounod e durante o tempo em que I I: ingressam. Os oficiais devem entrar primeiro pela ordem seguinte:

1º O M∴ Coloca-se ao fundo, à direita.
2º A I∴ A esquerda do Mestre.
3º O 1º. Vigilante em seu posto conforme o croqui.
4º O 2º. V∴ Em seu posto conforme o croqui.
5º O Guardião, junto à porta.
6º O Sec. A esquerda do A.
7º O teste A esquerda do A.

Cada um tomará sua respectiva posição depois da saudação da Est. Mac∴

A um sinal do M∴ sai o G∴ e procede a retelhar a cada Irmão. Dando o ingresso a cada um e mantendo o Templo coberto e retelhando a cada Irmão ∴ separadamente e sem que ninguém presencie o que executa, assim: colocará os dedos indicador e médio esticados e juntos, tocando com suas pontas ao Irmão ∴ Primeiro na testa dizendo... em seguida na garganta sobre o pomo dizendo...e finalmente sobre o coração dizendo...; o Irmão ∴ que até este momento se mantivera ereto, colocará seu dedo indicador sobre os lábios, formando uma cruz, com o gesto de dizer silêncio e em voz baixa diz Una ...colocará imediatamente as palmas das mãos sobre o peito e ao abrir o G ∴ a porta do Templo, pisará o umbral com o pé direito e iniciará seus passos, começará sua entrada, principiando seu primeiro passo com o pé esquerdo e ao terminar o sétimo, chegando de frente ao triplo círculo, junta os pés e inicia a saudação da Est∴ que é o seguinte:

1. Baixa os braços ao longo do corpo.
2. Levanta-os à altura da cabeça com as palmas das mãos para fora.
3. Abaixa-os juntamente com a cabeça até as coxas.
4. Torna a subir, cruzando as mãos sobre o peito, a direita sobre o coração.
5. Estende as mãos em cruz com as palmas para baixo.
6. Torna a levá-las até as coxas, levantando-as à altura da cabeça com as palmas para dentro para juntá-las sem chegar a fazê-lo.
7. Abrem-se os braços novamente com as palmas para cima, dá volta às mãos e abaixa-se até as coxas.
8. Volta-se a colocar as mãos sobre o peito como para ingressar no T∴
9. Inclina-se ligeiramente a cabeça, saudando a cruz do Altar e retira-se sem dar as costas, até chegar ao seu assento, é então quando abaixa as mãos toma assento.

Somente então entrará um segundo Irmão∴ e assim sucessivamente até o ingresso de todos, em que se cobrirá hermeticamente o T∴ sob a custódia interna do G∴

O M∴ faz um sinal imperceptível ao G∴ para a música.

O M∴ ocupa o lugar no Altar. A I∴ diante do Altar e de frente para a cruz.

O M∴ toca o gongo e ordena aos dois V.V∴ , que ordenam por sua vez aos Irmãos∴ das suas respectivas CC∴ que se ponham de pé: braços em cruz sobre o peito (a mão direita sobre o C∴) e o pé direito cruzado sobre o esquerdo.

O M∴ diz: "A∴ L∴ G∴ D∴ G∴ A∴ D∴ U∴ E sob os auspícios do S.S.S. com sede na Austrália, declaro abertos os trabalhos desta A∴ A nenhum dos HH∴ se lhes permite fazer demonstração alguma que possa perturbar nossos trabalhos." (Fazem-se os toques com os dedos indicador e médio.)

1. Na frente, dizendo... no pescoço...e...no coração.
2. I∴ na frente,... no ombro esquerdo e...no direito.
3. Repetição do primeiro.

A seguir lê-se a Bíblia, o evangelho de S. João, cap.1,vers. 1-4 inclusive; logo meio minuto de meditação e diz: "Eritia Sicut Deus" (Faz-se como Deus), os HH∴ repetirão palavra por palavra. A partir deste momento se começará o ritual, a do M∴ e a do G∴

Aos HH∴ se lhes distribuirão cópias pelos seus VV∴

O Pão é somente para as Luzes ou Oficiais. A escala dos mantras é como segue:

EUOE – IAO.

Na escala AUM, o A é ligeiramente aspirado e o M, vibrado. Depois do cerimonial faz-se a corrente às escuras.

Depois da corrente e acesas as Luzes do dossel, o M∴ dirá a oração de Graças a Deus, aos HH∴ MM∴ E guias maiores da seita branca e aos GG∴ da Fraternidade universal; logo por ordem, os demais oficiais e depois deles os demais HH∴ Em rigoroso turno.

As **Hnas**. Guardarão a direita de T∴ E os HH∴ A esquerda os HH∴ Possuirão os números ímpares e as **Hnas**., os pares.

SAUDAÇÕES: I∴ e M∴ tocando a testa com suas pontas∴

Cont.I∴ Sobre os lábios com recomendando silêncio. Na saudação das mãos como os maçons.

RECONHECIMENTO: DD∴ Como no cumprimento da testa. Cont.- I nos lábios.

Conf. Del. Rec∴ I e P formando um A e golpear o C∴
P∴ Para cima e punho fechado (1º)
I∴ e mindinho estendidos, médio e anular sujeitos pelo
P∴ Simulando um A com a boca (2º)... A ind∴ e P∴ Um "U"..
(3º) O ...
M∴ Com franja alaranjada ao redor da estola, borda inferior do hábito na boca das mangas de uma polegada de largura, Cruz Vermelha.
1º V∴ Franja verde.
2ºV∴ Vermelho escuro.
I∴ Uniforme e véu branco com cruz celeste.
G∴ Franja de cor amarela.
Sec∴ Um S na manga esquerda.
Tes∴ Um T vermelho na manga esquerda.
HH∴ Uniforme branco com cruz vermelha.

Iniciação Rosa Cruz.

Reunidos todos os HH∴ Atuantes na antecâmera e vestindo suas batas, entram no T∴ Para iniciá-lo.

Introdução ao Ritual: (três voltas da esquerda para o S∴).

O M∴ Ordena que sentem-se e dá a notícia aos HH∴

De haver um novo candidato próximo a iniciar-se, devidamente preparado, dando referência de quem o apresenta, atitudes, etc. Se julgar conveniente pode dizer algumas palavras alusivas à felicidade que devem sentir os presentes por ter outra oportunidade para dar Luz a um neófito. Também pode proferir uma pequena prática, como por exemplo: uma respiração rítmica, o mantra do mês, a execução de algum canto ou um momento de silêncio, enquanto se ouve tocar alguma partitura musical. (Durante todo o tempo o candidato permanece na antecâmera, com os olhos vendados). Depois que o M∴ executar algum dos exercícios já citados, obter-se-á um silêncio absoluto.

O Ir∴ Que apresenta o neófito, leva-o até a porta do T∴, anunciando-o com três toques.

O G∴ do T∴ dá a notícia ao V∴ M∴, mas não diretamente, senão por meio do 2º Vigilante, quem, por sua vez comunicará ao 1º Vigilante e este último ao Venerável M∴. Nesta ordem se faz um intercâmbio de frases como segue:

Mestre∴ Quem traz aqui?

Ir∴ > Um aspirante que deseja ver a Luz.

M∴ Está devidamente preparado?

Ir∴ Pat∴ Eu me encarreguei de fazê-lo; respondo por ele, comprometo-me e garanto que não revelará nada do que se faça neste Templo.

M∴ (Dirigindo-se ao guardião): Introduza o candidato.

Guardião∴ Diante do Altar.

Mestre (dirigindo-se ao candidato): Para conceder-lhe a Luz é necessário que passe por um sem número de provas. Estás disposto a passar por elas?

Aspirante...(responde o aspirante).

Mestre∴ Bem, mas antes de tudo, é necessário fazer uma oração aos Mestres para que, todavia, se acerquem mais de vós e presenciem vossa iniciação; vinde, pois, com vocação e com fé, pois assim vossa mente estará em tônus com o momento solene. Ao chegar este momento faça o sinal da Estrela Microcósmica e toda a congregação faz o sinal, toca-se uma partitura e faz a seguinte invocação:

Congregação∴ (De pé para a oração)

Mestre∴ Esta noite também será solene! Mestres R.C∴, hoje se inicia um candidato para receber a Luz! Hoje quer dar um passo firme o aspirante, na senda oculta! Vinde, excelsos

Mestres R.C∴, vinde adeptos, formai um coro ao nosso redor; é indispensável que escuteis nosso rogo e assistais o ato cerimonial! Queremos elevar nossos pensamentos a vossas alturas, para formar um tênue fio de união convosco! Dai-nos Luz, Adonai, Espírito Divino! Daí-nos fé e amor vinde aqui receber vosso discípulo! Deveis consagrar este ato! Que seja vossa mão a que aja; vosso pensamento que dirija e vosso amor que nos inunde de alegria!

Guarda-se um momento de silêncio.

Oh, iniciados, já deveis estar aqui...!

Já chegastes, vós, Mestre! Tomai-nos a vosso serviço!

Durante a invocação feita pelo Mestre, os Irmãos permanecem em pé, assim como o candidato, e terminada, todos se sentarão.

Depois de um silêncio de 3 a 4 minutos, o Mestre dirá:

Aspirante (Este põe-se em pé), antes de que vos inteireis do mistério que encerra o ritual R.C. e que tomeis parte da prática do mesmo, é necessário, indispensável, que presteis um juramento. Consentis em jurar?

Responde o Aspirante...

Repeti comigo: (O candidato estenderá o braço direito sobre o Altar, onde está a sagrada Bíblia, ao mesmo tempo em que o farão todos os Irmãos, estendendo sua mão direita para o candidato, cobrindo-o de eflúvios benfazejos, que têm o objetivo de fazer com que o candidato cumpra o juramento e assim chegue a gozar de todos os benefícios, ou, pelo contrário, esses mesmos eflúvios lhe deem o merecido castigo em caso de inconsequência).

Logo o candidato dirá: Eu... de minha livre e espontânea vontade, juro e prometo solenemente não revelar jamais a nenhum profano os mistérios, os signos, os toques, as palavras sagradas, que de hoje em diante me forem comunicados.

Juro e prometo, de igual maneira, respeitar e fazer respeitar em qualquer tempo e lugar as disposições que emanam desta respeitável loja, assim como os ensinamentos e as doutrinas da nobre irmandade R.C. Juro e prometo auxiliar, socorrer e ilustrar com minhas Luzes e conhecimentos a todos os irmãos R.C. Juro e prometo ser sempre casto e puro, fiel e respeitoso com os Pais, esposo (a), irmãos(ãs) e filhos (as) de todos H∴ R∴ C∴ Juro e prometo, por último, operar com inteira liberdade em todos os meus atos, mas conforme me dite minha consciência no caminho do dever e do bem, procurando não denegrir nem manchar o honroso título de irmão R.C. ou cavalheiro R∴ C∴ (conforme sejam homem ou mulher), que a nobre e augusta irmandade me confere, ao admitir-me fraternalmente em seu seio.

Depois de um momento de silêncio, Mestre ao Aspirante: Ratificai-vos em todo vosso solene juramento?

O aspirante deve responder de forma espontânea e sincera, conforme suas convicções, prometendo guardar ou não, ao mesmo tempo, que cumprir seu juramento. (Entende-se que em todo caso o aspirante ratifica-se.)

Mestre ∴ se assim o fizerdes, que a bênção e a recompensa do céu caiam sobre vossa cabeça e vos cumulem de bens, mas se faltardes em parte, ou no todo, ao que acabais de jurar, que a maldição e o desprezo dos homens, caiam sobre vossa cabeça.

A Consagração ∴ Todos os Irmãos ∴ Com a mão direita estendida dizem: Assim seja.

Os irmãos que durante o juramento do aspirante permaneceram de pé, ao chegar este momento, sentam-se para começar o interrogatório do candidato da forma que acharem conveniente. (Cada Ir∴ pode perguntar prévia autorização do venerável Mestre e cingindo-se aos estudos elementares R.C∴ para que todos possam dar-se conta da capacidade intelectual e dos sentimentos espirituais do aspirante; seguindo, porém, rigorosamente a seguinte ordem hierárquica: Primeiro, o venerável Mestre, depois, prévia autorização, o primeiro vigilante, seguindo o turno o segundo vigilante, logo o guardião, depois a Ísis e finalmente cada um dos Irmãos que o solicitem ou creia conveniente o venerável Mestre).

Deve entender-se que cada um dos Irmãos que vá interrogando o aspirante, possa ajudá-lo em suas contestações, quando se encontre numa situação embaraçosa. Há de se levar em consideração o estado de nervos em que se pode encontrar, especialmente se for mulher. A indicação que se pode fazer deve consistir em leves sugestões que tendam a insinuar, aclarar ou deixar entrever o tema sobre o que se lhe interroga.

O MELHOR RESULTADO SOBRE ESTA PROVA DEIXA-SE AO ARBÍTRIO DE CADA LOJA, MAS RECOMENDA-SE A MAIOR DISCRIÇÃO E ACERTO.

Depois da anterior, podem-se agregar outras provas de distinta índole, sempre que seja conveniente e de absoluta seriedade e profundo simbolismo, como, por exemplo, a prova dos elementos: terra, água, fogo e ar.

Logo, o Mestre dirigindo-se à loja.

M∴ Irmãos, considerais que já são suficientes as provas que se colocaram ao neófito?

Depois da resposta dos Irmãos.

M∴ Guardião coloque a bata ao candidato! (Este permanecerá de pé com os olhos vendados).

Alguns dos HH∴ por indicação do venerável Mestre, dirá algumas palavras alusivas à bata, explicando o simbolismo.

Consagração.

– Congregação∴ (Todos de pé)

M∴ Com a graça de Deus e pela congregação universal sob os auspícios dos S.S.S. e pelos poderes a mim investidos pela autoridade legal do Soberano Grão-Comendador Doutor Arnoldo Krumm-Heller a cuja jurisdição pertencemos (pondo a espada sobre a parte superior da cabeça do candidato), nomeio e constituo-vos (nome do aspirante) Aspirante R.C. no primeiro grau e membro ativo desta respeitável loja (nome da loja) do Oriente (nome do lugar).

Quando a congregação é dirigida a algum membro para investi-lo de algum cargo, se acrescentará à consagração anterior o seguinte: Assim mesmo designo a vós como eleito ou eleita (mulher), para que desempenheis o cargo de... no cerimonial do ritual, em virtude dos conhecimentos que reconhecemos em vós, autorizando-vos também para suprir o posto de algum Irmão, que por causa imperiosa se veja privado de estar presente durante a execução do ritual.

Continuando o cerimonial de recepção do candidato

Mestre∴ Que pedia o discípulo?

A loja contestará em coro: Luz!

M∴ Que a Luz seja!

Descobre-se o discípulo, retirando-lhe a venda e em seguida se tocará alguma partitura, dando-se logo princípio ao ritual. Terminada a cerimônia do ritual, se felicitará o candidato recém-recebido.

Iniciação

O M∴ disse: "A∴ L∴ G∴ D∴ G∴ A∴ D∴ U∴" e sob os auspícios do Sumum Supremum Sanctuarium da Austrália e em virtude dos poderes de que fui investido, procedo a assumir a promessa de silêncio ao Irmão...

Este se colocará frente ao M∴, coloca sua mão direita sobre a Bíblia que estará sobre a mesa, aberta no Evangelho de São João e vai repetindo com o M∴ a seguinte forma de juramento:

"Eu... (nome do candidato) por minha livre e espontânea vontade, juro e prometo pela honra e pela vida, diante dos MM∴ Do invisível e diante dos meus Irmãos, presentes, consagrar-me ao serviço da Fraternidade R.C. Antiga, dependente do S.S.S. Juro e prometo o mais absoluto silêncio sobre todas as atuações desta aula R.C., assim como dos ensinamentos, práticas ou rituais que me sejam dados como segredos da ordem; juro e prometo consagrar-me ao serviço dos meus semelhantes e ajudar a meus Irmãos em todas as sua necessidades".

(Aqui o M∴ pode agregar o que for necessário).

Em seguida o M∴ coloca a mão direita sobre a cabeça do Postulante e diz: Se assim o cumprires, que o grande Guia da humanidade te premie e se não que Ele te demande.

M∴ Assim seja. Todos: Assim seja.

Terminado este ato, passa o postulante a firmar o formulário que já estará preparado de antemão.

O Cantar dos Cantares é o canto da alma que se expressa por meio da palavra, por isso o Cantar dos Cantares de Salomão é uma série de cânticos à deidade. Mantras vocalizados e o Mestre virá. Isto significa que ao conjunto do nosso verbo pronunciado com o coração o Mestre acudirá. É também uma prevenção para que se ponha todo o coração e toda a alma, quando depois se pronunciem os sagrados mantras; *Kirie, Mitras, Euoe, Iao* etc., que vem no ritual.

As palavras latinas *Kirie, Mitras* etc., são nomes sagrados e ocultos da Divindade, dados em distintas épocas nos Templos de mistérios. Aqui devem ser pronunciados com santa unção e reverência a Deusa Ísis. Para fazer o sinal da Cruz. Sobe ao Altar e de frente para os concorrentes abre os braços em cruz. O sinal da cruz Tao. Com a espada. A Cruz Tao tem a forma de "T". A cruz egípcia. Quando a I∴ está em cruz, toma o Mestre a espada e com ela traça sobre a I∴ a Tao, assim do ombro esquerdo ao direito, volta ao centro e dali a baixa até a pélvis da I∴

Ritual.

M∴ *Introibo ad Altare dei.*

G∴ *Ad Deum qui laetificat juventutem meam.*

M∴ Faça o que quiseres. Esta é a única lei; mas pensa que de todos os teus atos tens que dar conta. Fixa isto, o que emana desta lei, nasce destas cinco fontes, Luz!

Primeiro vigilante: Amor!

Segundo vigilante: vida!

G∴ LIBERDADE. ÍSIS ∴ TRIUNFO.

M∴ Amor é a lei, mas Amor consciente. (Faz o sinal da estrela microcósmica) (Levantam-se os braços, tocando-se as palmas de ambas as mãos mais acima da cabeça; em seguida abaixam-se às laterais do corpo e cruzam-se sob o ventre, a mão esquerda sobre a direita e com as palmas para o corpo).

Ordenamento dos trabalhos em grupos de irmãos.

No processo do estudo das leis da natureza, cada ser deve levar muito em conta os processos naturais que irão crescendo aos poucos, resultante da sua decisão de "esquadrinhar" para "saber". A Sra.Blavatsky, enfatiza o seguinte enunciado sobre o que é muito bom e saudável meditar: "*Há no ocultismo uma estranha lei comprovada e confirmada por milhares de anos de experiência que é a seguinte: Tão logo como alguém presta uma promessa, ou decida converter-se em discípulo (a toda prova), experimenta certos efeitos ocultos, o primeiro dos quais é deduzir tudo quanto pulsa na natureza do homem: defeitos, costumes, qualidades e desejos vencidos, ora bons, ora maus, ora indiferentes. Por exemplo, se um homem é vazio, sensual ou ambicioso, por atavismo ou por herança cármica, cabe afirmar que estes vícios recobrarão pujança ainda quando tenha até conseguido ocultá-los ou reprimi-los. Manifestar-se-ão irremediavelmente. E haverá o homem de batalhar cem vezes mais duramente do que antes, até que extingua semelhantes propensões. Pelo contrário, se é bom, generoso, casto e moderado e tem alguma virtude oculta e latente em si, exteriorizar-se-á tão irremediavelmente como os demais. Assim, o homem a quem propugne que se lhe considera santo e que, para tanto, oculta-o, não poderá encobrir sua verdadeira natureza, quer seja vil, quer seja nobre. ESTA É UMA LEI IMUTÁVEL NOS DOMÍNIOS DO OCULTO. Sua ação é mais marcada, quanto mais zeloso e sincero é o candidato e quanto mais profunda tenha sido a realidade e a importância da sua promessa ou decisão*". (H.P.Blavatsky).

Em nossa aula, os trabalhos desenvolvem-se assim: Abrem-se os trabalhos quando alguém designado pelo grupo coloca-se no centro e dispõe-se a abrir o que se denominam planos. Coloca-se no centro diz-se: "*Irmãos, vamos dispor-nos a fazer nossa cadeia mental, abramos o plano físico.*" e imediatamente gira da direita para a esquerda, até chegar ao ponto de onde saiu que é quando encerra o círculo iniciado e recita a seguinte oração: "*Concentremos aqui, as melhores forças da natureza e delas sejamos veículos dignos e adequados, na melhor forma em que se apresentem. Dissolvam-se os maus pensamentos e fracassem as más ações e que nosso poder mental purifique e sublime todas as forças que cheguem a nós. Sejamos aqui e em qualquer lugar a expressão mais bela e poderosa da energia universal. Que nos ajudem em nossos propósitos os Mestres da sabedoria e também os irmãos maiores. Mestres sábios acudi-nos e mostrai-nos sempre o caminho da vida perfeita. Amém.*"

É muito importante destacar, aqui, que o irmão deverá ter uma espada ou uma faca de cabo branco, novo, destinado apenas para este fim. Então, o primeiro círculo para abrir o físico será feito sinalizando para o solo. Depois de recitada a prece, erguerá a mão com a espada à altura do ombro e dirá: "*Irmãos, agora nos dispomos a abrir o plano mental*"; e volta a entoar a oração especificada. Depois, eleva seu braço para o alto e volta a dizer: "*Irmãos, abramos agora o plano espiritual*" e recita pela terceira vez a oração. Com isto, ficam abertos os três planos de ação. Depois, assume uma atitude direta e entoa ou recita o seguinte:

"*No princípio era o Verbo e o Verbo era Deus e o verbo estava com Deus. Isto era no princípio com Deus. Todas as coisas foram feitas por Ele. E nada do que foi feito fez-se sem Ele. Nele estava a vida e a vida era a Luz dos homens. Erit sicut Deos. Sejamos como deuses.*"

2. Desta forma, já está pronto o salão e a loja para começar a trabalhar. Serão comentados os exercícios, se falará das lições, do trabalho do signo do mês e seus exercícios e finalmente se fará uma pequena meditação, dá-se a ação de graças e finalmente termina a reunião.

3. É muito importante o trabalho de conjunto, porque somente assim se imanta a corrente e se fortalece o Egregor que mais adiante se converterá na força que nos ajudará em nosso trabalho ou missão.

4. Depois, temos de começar sabendo que nós, os irmãos, também temos virtudes e defeitos (estes são a maioria), mas que cada um representa para cada qual um processo de trabalho para lograr a realização de adaptar-se. Que não é porque sejamos estudantes da Rosa e da Cruz já somos perfeitos. Nada disso. Por isso iniciamos estas indicações com as palavras da Sra. Blavatsky.

5. Paralelamente a estes trabalhos, estão os individuais, ou seja, os que cada discípulo deve realizar de modo pessoal em seu lar, cada dia da sua vida, depois que tenha ingressado no caminho. E como complemento de trabalho, deverá fazer o esforço por analisar-se de forma contínua, estar atento ao que faça, como o faz, porque o faz e para quem o faz, de modo que possa polir os seus atos, pensamentos e obras.

6. Ao deitar-se, deverá fazer uma revisão de tudo o que foi feito durante o dia, começando no momento em que se deita, até o momento em que se levanta. Esta disciplina é chamada de RETROSPECÇÃO. É muito importante fazê-la prolixamente, recriminando-se as coisas mal feitas e comprometendo-se a não voltar a fazê-las e alegrando-se do que for considerado bem feito.

7. Ao levantar-se, terá seus trabalhos de acordo como se especifica nas primeiras obrigações explicadas ao discípulo.

8. O trabalho do ensino na senda do R.C. é uma disciplina que ajuda o discípulo em seu processo de crescer até o perfeccionismo. Muitos praticaram estes ensinamentos e todos os que estudaram com ordem e disciplina apresentaram maravilhosos efeitos. Toda corrente mágica há de formar-se primeiro no astral, passando pelos três planos respectivos: físico, astral e espiritual. Em cada um destes planos, necessita-se de um mediador, por meio de quem podemos nos contatar com outros. Temos, assim, a tripla cadeia no invisível, como base para o visível. Para isso escolhemos os

três grandes Mestres ∴ **Reuss**, para o plano físico; **Therion**, para o astral e **Huiraccocha**.para o espiritual.

Túnica branca e estola branca, com uma cruz vermelha no centro.

Cordão branco que se envolve em cinco nós.

Na altura da cabeça, círculo para abrir o plano astral.

Na altura dos ombros, círculo para abrir o plano mental.

Círculo para abrir o plano físico: braço esticado assinalando o chão.

As voltas são da direita para a esquerda.

Trechos selecionados para o aspirante Rosacruz.

Procura cada dia, ao despertar, enviar uma bênção mental a toda a criatura. Identifica-te frente ao sol, se é possível, com o gozo de viver. Que cada dia seja para ti uma ressurreição, como uma pequena vida nova. Aspira toda glória e a ternura deste dom que te foi dada.

Silencie-se e depois medite.

Faça um vazio em tua mente durante alguns minutos.

Receberás, então, inspirações que ignoravas, que serão teu seguro guia na senda da vida. Teu Deus falará através de ti, como Daemon a Sócrates.

Depois beba um copo de água pura, pratique cerca de 10 minutos de ginástica sueca e termine com algumas tantas respirações profundas, acompanhadas, de concentração de todos os músculos do corpo. Ao expirar, lança-os, é o melhor sistema para fortalecer os nervos e vitalizar o organismo. A seguir banhe-se e esfregue de forma energética.

Durante o dia, de vez em quando, inspire fundo e ritmicamente. Busque a oportunidade de expor teu corpo despido ao sol, identificando-te em espírito com seus raios benéficos. Assim irás aquecer teu corpo e tua alma. Assimilarás mais a vida universal que o grande astro irradia.

Coma frugalmente e devagar. Prefira frutas e legumes, sobretudo crus, às carnes. Sem fanatizar-te, porém, de maneira sadia e completa, e observa o sistema que mais te convença.

Faça uma refeição ao dia, de manhã e à noite, de apenas uma fruta suculenta. Ela é um tônico incomparável e um processo natural de purificação e vitalização.

Elimine: álcool, tabaco, drogas.

Vá ao campo quanto possas.

De manhã cedo, procure caminhar durante uma hora, com os pés descalços sobre o orvalho, para que esta água rica e magnética entre em contato com tua pele.

Depois de cada refeição lança-te sobre a grama ou sobre a terra, para que teu corpo absorva o magnetismo da terra.

Observe a ordem dos teus costumes e que o conceito de saúde te complete.

Afaste, antes de tudo, o pessimismo ou a dúvida. Torne teus pensamentos positivos em todas as direções.

Nunca sustente maus pensamentos a respeito de ninguém e muito menos dos teus amigos. Assim, irás melhorá-los e te tornarás melhor.

Não te apegues a nada transitório. Sê livre e dá liberdade.

Que a malícia e o ódio não se aninhem em ti. Contenta-te ao miúdo em imaginar cenas da vida humana feliz e regenerada.

Formoseia, como dizia Plotino, tua própria estátua.

Lustra-te cada dia, tanto interiormente como no aspecto exterior. Assim agradarás aos homens e aos deuses. Faze-te positivo a respeito de todo o exterior.

Faze-te receptivo a respeito do superior.

Sê veraz. Elimina todo temor.

Limpa e saneia todas as tuas emoções.

Expanda sempre alegria serena e entusiasta.

Assimile o poder que antes desperdiçavas na sensualidade, rechaçando da tua mente as imagens que a provoquem. Se tiveres que sustentar alguma luta neste sentido, respira profundamente e apropria-te da força do desejo vencido. Se quiseres o poder e a atração pessoal, aí tens a chave mais importante.

Estimula na inquietude.

Estude e indaga, mas sê pensador antes que erudito.

Sê generoso.

Conquista as almas por meio de constantes benefícios, mas nada esperes como recompensa. Assim te sentirás sempre completo. Operando deste modo, em ti estará a força e a confiança.

Legiões invisíveis te rodearão, pois anseiam ajudar-te, se vibras em todos os sentidos harmoniosamente.

Considera o dom desta vida nova.

Não leia inutilmente esta folha. Corresponde a seu convite e promete a ti mesmo praticar seus conselhos.

A felicidade esteja em ti.

Obrigações diárias Nº. 1.

Antes de iniciar qualquer prática, faça o sinal da cruz.

Atos de consagração.

(ALEGO)

"Poder Supremo, Deidade Cósmica, a Ti que és toda Substância, toda energia e todo Espírito. Eu, parte dessa substância, parte dessa Energia, parte desse Espírito, consagro-me, pois desejo integrar-me em Ti. Unificar-me contigo, ser eternamente em Ti. Entrego a tua infinita e perpétua ação meu destino, meus atos, minha vida presente e futura, de maneira que minhas realizações sejam sempre realizações tuas."

Assim seja.

(AO MESTRE)
"Mestre excelso, venerado guia e instrutor meu, infunde em mim tua emanação protetora e recebe, neste Ato de Consagração, todo meu desejo intenso de ser teu discípulo sincero. Instrui-me, perdoa minhas faltas e vela para que todos os meus atos se conformem sempre às tuas instruções sagradas e possa eu merecer tua bênção e teu amor."

Assim seja.

Afirmações.

Ocorra o que ocorrer, hei de obter do dia de hoje, o melhor possível. Não tolerarei que nada e nem ninguém retire-me a felicidade, nem fira meu direito de viver este dia inteiro, desde o começo até o fim.

Haja o que houver, não permitirei que desgostos, contrariedades ou adversidades cruzem hoje em meu caminho e me tirem o sossego e a calma.

Haja o que houver hoje não serei infeliz: gozarei inteiramente meu dia, vivê-lo-ei em plenitude.

Há de ser um dia completo em minha vida, com apenas ideias de boa sorte e alegria, apenas com coisas amigas da minha paz, da minha felicidade, do meu êxito na alma.

Eliminarei tudo o que em outras vezes me fez desgraçado, para que, ao chegar a noite, possa dizer a mim mesmo: HOJE VIVI! CONHECI A MIM MESMO E CONHECEREI A DEUS!

Obrigações diárias nº 2.

Invocação.

"O Deus invisível que diriges os destinos de cada um, faz que, possamos absorver de tua Força, as vibrações para continuar o verdadeiro caminho. Ajuda-nos para que possamos estender nosso olhar para todas as coisas e compreender o sentido que elas encerram. Penetra e faça-nos uno com Teu raio de amor! Queremos abrir nosso coração qual árvore frondosa que expande seus ramos para dar sombra aos viajantes exaustos. Que nossos irmãos sintam o Amor que lhe enviamos hoje e sempre. Faz que Tua Divina Presença guie nossos passos na senda do bem, que o Cristo interno seja despertado em nossos corações. Queremos ser úteis à Humanidade, para que se cumpra na Luz Divina nosso destino de ser evolutivos. Que possam as Rosas florescer plenas de força em nossa Cruz."

"Assim seja."

Prática do silêncio

Coloque-se de modo confortável. Medite em silêncio. Quando conseguires isolar-te completamente e realizar a unificação com o silêncio, ouvirás uma voz suave e doce que te dirá o princípio e o fim de todas as coisas criadas e manifestadas em qualquer dos mundos que te rodeiam.

A prática mais poderosa consiste no SILÊNCIO ABSOLUTO de todas as tuas vibrações. Aquieta-te quanto possas e deixa que o silêncio te envolva completamente.

Afirma-te, olhos fechados, na Poderosa e Invisível presença que te anima como a todas as coisas que formam o universo visível e invisível. Depois ora no silêncio: "O, Poder Criador, quero sentir-te, quero impregnar-me da tua Força de Amor, quero manejar a espátula sagrada do teu poder para que a humanidade seja o Templo abençoado da Fraternidade Universal do Amor. Que haja paz. Que haja trabalho, para a realização ideal da Luz. Eu te recebo, ó, Poder Criador.

"Assim seja."

Que tua alma sinta este doce bálsamo de Amor que irradia do céu e vem a ti em poderosa corrente.

Sentirás um bem tão grande como se fora a Unificação do teu Espírito com o Todo não manifesto.

E encontrarás em ti a força que te equilibra, que tudo resolve. E por haver assim conhecido a Força do Amor, repete em teu silêncio vibrando em harmonia: "SILÊNCIO BENDITO, QUE TUA FORÇA SEJA MINHA FORÇA, QUE TEU PODER SEJA MEU PODER, PORQUE EU SOU UNO CONTIGO, O, SANTO SILÊNCIO."

Submerge-te, por alguns instantes, neste silêncio santo e aguarda minha voz que chega a teus ouvidos afinados. Para finalizar esta prática, faça a seguinte afirmação:

"EU SOU A MENTE DIVINA VIBRANDO NA PRESENÇA PURA."

Entoa três vezes o mantra, I – A – O.

Que todos os irmãos sejam felizes, que todos os irmãos sejam abençoados, que todos os irmãos estejam em paz.

– SABER CALAR, LEI E REGRA DO INICIADO -.

5

Invocação à chama

(Queime alecrim e asa fétida e acenda uma vela.

Recite sete vezes o mantra I-A-O e a frase: "Eu sou Amor, Eu sou Vontade. Tudo o quero, realizo".)

"Eu te invoco, ó, ego solar, base de todo Amor, fogo radiante iluminador."

"O, Grande Força Universal e Cósmica, Logos Solar, derrama tua poderosa Luz e fortalece esta Divina Chama. Entra nesta Chama, Grande Força, e agita-a com teu Santo Espírito."

(Recite aqui sete vezes o I-A-O e faça sete vezes a Cruz da esquerda para a direita; a mão no plexo solar para exterminar tudo o que pertence ao dragão infernal.)

Manifesta teu poder e abre para mim o Templo do Deus altíssimo que mora neste fogo sagrado. Ilumina-me, grande Luz, e a sabedoria estará comigo para minha regeneração.

(Terminar com estes três mantras sete vezes: KAW-LAKAW, SAW-LA-SAW, ZEESAR, que significam respectivamente:

O Homem Superior o Interior e o Mediador o Cristo Redentor.)

(Copiar à mão o que se deseja, tanto espiritual como material, que esteja dentro das Leis Cósmicas.) Estes papéis são queimados em tempo de fazer-se sete vezes o sinal da cruz, depois de "Tu, Santo Espírito..." (Fazer nos dias 27 de cada mês, na própria casa.)

Grande invocação de Luz

Desde o ponto de Luz na mente de Deus
Que aflua Luz às mentes dos homens
Que a Luz desça à Terra.
Desde o ponto de Amor no Coração de Deus
Que flua amor aos corações dos homens
Que Cristo retorne à Terra.

Desde o centro onde a vontade de Deus é conhecida
Que o propósito guie as pequenas vontades dos homens.
O propósito que os Mestres conhecem e servem.
Desde o centro que chamamos a raça dos homens
Que se realize o Plano de Amor e de Luz
E seja selada a porta onde se encontra o mal.
Que a Luz, o Amor e o Poder restabeleçam o Plano na Terra.

OM OM OM.

A eucaristia ritual

É o mistério inefável da igreja gnóstica, em que se oferece o Pão e o Vinho uma vez consagrados. Para que este sacramento obtenha toda sua eficácia, é preciso que seja levado à prática por um Sacerdote da Igreja, que previamente deve conhecer o mantra necessário para fazer vivificar a substância eucarística que integra o Pão e o Vinho. Este mantra é diferente nas quatro estações do ano. Transmite-o a Loja Branca ao Patriarca, este a seu Arcebispo, passa ao Bispo, que é o encarregado de transmitir, por sua vez, aos demais Bispos a seu cargo e finalmente estes a seus Sacerdotes.

Porém, como os Gnósticos, qualquer que seja sua situação dentro da igreja, receberão este Pão e este Vinho como símbolo do esoterismo que a todos nos concerne, como exceção neste caso e, prescindindo dos Sacerdotes, autoriza-se administrar este sacramento aos veneráveis ou presidentes de nossas Lojas Rosacruz. Entretanto, assim acontece: o Bispo encarregado da nossa igreja para ordenação de Bispos e Sacerdotes comunicará o Mantra Eucarístico que dará força e vigor necessários para tornar completo em sua totalidade este Santo Sacramento Inefável.

Durante a celebração da Eucaristia pode executar-se alguma composição musical de caráter místico ou religioso e ainda cânticos deste tipo. A seguir damos os Ritos e as instruções complementares.

Ritual

O Pão que se utiliza neste sacramento há de ser forçosamente de farinha de trigo, excluindo-se outras espécies, e o Vinho, sem álcool e de videira, procurando reservar o melhor para o Sacrifício.

O oficiante deverá guardar absoluta compostura e delicadeza neste ato, cuidando de sua higiene pessoal com todo zelo, sobretudo em pés e mãos, já que nossas extremidades são a porta de entrada de correntes magnéticas que são de um valor incalculável.

É necessário que exista um Altar Principal e dois laterais, um à direita e outro à esquerda, que hão de estar cobertos por um manto branco, seja de linho ou bordado com alegorias.

No Altar principal, sob um dossel ou sobre madeiras lavradas artisticamente, presidirá uma Cruz com sete Rosas luminosas; na sua carência, sete rosas simples ao pé de um candelabro com sete velas de cera. Sobre a parte superior deste Altar, no centro, um Cálice para a distribuição, com Vinho, e, junto a ele uma bandeja com vários pedaços de Pão. Além disso, um incensário ou piveteiro em que se possam queimar incenso e substâncias aromáticas adequadas, durante a Celebração. No Altar da direita, visível e luminosa a Palavra *Yod-He-Vau-He*, que constitui o nome secreto do Pai, e, no centro, uma bandeja com o Pão necessário, de acordo com o número de participantes.

No Altar da esquerda e de igual modo, coloca-se o número das sete vozes 9879 e uma ou várias jarras de Vinho em quantidade suficiente para todos os participantes.

Uma vez preparados os fiéis, e dentro do Templo, estarão em atitude expectantes, trazendo nas mãos ervas ou plantas aromáticas e sagradas, que também possam reter entre os lábios. A acácia é recomendável. Logo, entrará o Sacerdote acompanhado pelos Diáconos ou Acólitos. Os três levarão as mãos cruzadas ao peito em forma de aspas. Ascendem até o Altar, ajoelham-se e fazem uma inclinação de cabeça. Os congregados também devem ajoelhar-se. A seguir se levantam o Sacerdote e os Acólitos e, adiantando-se, o Oficiante toca a borda do Altar, ergue suas mãos à altura dos ombros, em atitude faraônica e diz: **IAO IAO IAO.**

Os Acólitos respondem: Amém, Amém, Amém.

O Sacerdote recita a seguinte oração penitencial à Luz: *"Luz das Luzes, farol intenso em cuja majestade sempre acreditai, escuta minha voz e atende esta súplica do meu arrependimento, porque venho a ti para fazer confissão das minhas culpas"*

(pausa para fixar na mente o erro do qual queira despojar-se; durante o ato pensar nele para vencê-lo ou transmutá-lo).

"Salve-me, Tu, Luz Divina, dos maus pensamentos que me assediam e das tentações que me circundam. Eu olhei, um dia, Luz Excelsa, para as regiões interiores, onde se debate o Averno. Vi ali uma Luz e pensei: eu posso ir a esse lugar e receber essa Luz atirando-me resoluto. Observei então que a Luz era enganosa e caí nas profundas trevas que estão mais além do caos insondável. E já não tive alento para sair dali porque fiquei preso na rede das emanações hostis que me arrebataram força e minha própria Luz. Eu clamei então, com voz ingente em demanda de auxílio, mas minha garganta emudeceu e afogou-se

na escuridão absoluta. Olhei para a altura para que a Luz, com toda majestade, viesse em meu auxílio e até os maus arcontes alegraram-se com meu tormento. Tu, porém, Luz sublime, bem sabes a importância deste erro. Floresceu na ignorância por crer que essa Luz fosse tua Luz. Não me deixe desfalecer, Luz Misteriosa, com que sempre sonhei, porque tu és minha Luz que tanto busco. Porque com a ocasião de buscar-te, caí no tormento da desonra da minha falta, e fui desta vez repudiado por aquelas Fraternidades invisíveis das Santas Emanações da Grande Mãe. Porque, no meu afã de encontrar-te, Luz de todas as Virtudes, provoquei a fúria malvada das forças contraditórias. Porque, ao seguir o teu caminho, uma garra maldita prendeu-me, mergulhando nas profundidades do caos.

Se agora queres vir para salvar-me, grande é a tua misericórdia, Luz das Luzes, e escuta-me em razão e em verdade. Me salva das trevas para que não sucumba nelas e possa livrar-me das emanações egoístas que me oprimem. Não permita Luz, que me afogue nesta escuridão, não consintas que esta força má me devore totalmente e que o caos tenebroso possa encobrir minha fortaleza. Escuta-me, Luz, porque preciso da tua graça. Põe em mim teu olhar, mediante a Grande Misericórdia da tua Luz, e não apartes de mim tua face, porque estou cruelmente atormentado por estes arcontes que fomentam minha angústia e minha dor. Diante de ti, estão todos os que me ocasionaram este mal. Trata-os conforme a tua complacência. Agora, Luz inconfundível, envia às trevas da matéria para que sejam encarceradas e não possam chegar ao lugar da paz. Para que penetrem na negra mansão e nunca sejam capazes de ver a Luz. Cobre-as com tua vingança e com tua justiça e que eternamente sejam condenadas a contemplar o Caos. Puríssima Luz, que estás em todas as partes e que estás comigo. Bendigo o teu nome e te exalto em plenitude e glória, para que meu louvor, Luz, possa agradar-te e me leves à entrada do majestoso aposento, aonde conduzes as almas puras. Põe tua alegria nestes seres materiais e que ambicionem a tua Luz com o fim de despertares neles a força das suas almas e revivam poderosa tua mágica substância. Porque dizem as palavras sagradas:

Que Deus salvará a alma de qualquer matéria. Será construída uma cidade na Luz, onde todas as almas liberadas viverão eternamente e será seus prêmios a tão prodigiosa herança".

Acólitos: amém.
Todos: amém.

Os presentes levantam-se e permanecem de pé com as mãos cruzadas sobre o peito em forma de aspas. Sacerdote e Acólitos cruzam igualmente suas mãos de igual forma. Fazem os três uma reverência ou inclinação de cabeça diante do Altar e o Sacerdote continua a seguinte oração para a Cruz da Rosa.

"Pleno de júbilo e transbordante de gozo acerco-me de ti, Cruz Excelsa. A ti, que és dádiva do Supremo pelo qual tudo vibra, a ti, que és precursora da vida, pela qual tudo floresce. A ti, que és a Cruz dos grandes destinos pela qual tudo alenta. De ti me aproximo agora, Cruz das cruzes, quando eu te reconheço como se fosses minha. Eu sei do teu segredo, do Secreto Mistério que te envolve, porque foste plantada no mundo para atar e ligar, unir e reter quantas coisas são mutáveis sobre a terra. Tu elevas tua cabeça para o céu, infinito azul e profundo, como símbolo eterno do logos celestial, do logos áureo, que é a base suprema de tudo quanto existe. A tua travessa reta adianta-se para o mundo semelhante a dois braços, duas mãos poderosas que avançam estendidas, à direita e à esquerda, para fazer fugir inimigos, unindo num só abraço a todos os peregrinos dispersos e isolados. Teu pé está submerso na terra profunda, buscando o fundo, como se quiseras elevar todos os que estão longe de ti, os que jazem, abaixo, no solo imundo e os que estão aprisionados nas frias regiões aonde não chega a Luz. Como se tivesses um afã imutável de enlaçar a todos na Cidade Eterna.

Cruz heróica, Cruz da magnificência, erigida por Deus sobre a Grande Altura, para dar aos homens a paz eterna que há de ser sua salvação.

Cruz erigida, invejável troféu na batalha de Cristo, arma temível para vencer a tantos inimigos perversos.

Cruz prodigiosa, árvore sagrada da Vida, cujas raízes aprofundam a terra para que o fruto floresça no céu.

Cruz retumbante de doce nome, de dom, símbolo digno de todo louvor, Videira Sagrada que te inclinas sobre o Mestre e Nele derramas tuas verdes uvas saborosas em sinal do acolhimento amoroso para o pobre penitente por sua confusão e sua fé.

Cruz da Rosa, divina Rosacruz, que conduzes Deus para todos os humildes e puros de sentimento, que iluminas o Céu da Felicidade para todos os ansiosos de vida por meio da Gnose e que, pelo arrependimento, levas à Casa Paterna todos os perdidos na negra noite sem limite e os que receosos erraram o caminho. Apenas em Ti, Magnificência do Mundo, firma nossa Glória e está a nossa salvação".

IEOUA
IEOUA
IEOUA.

Acólito: Amém, Amém, Amém.

Agora o Sacerdote volta-se para os fiéis, um pouco retirado para seu lado direito, e lê a mística ceia.

"E então Jesus entoou o hino da Exaltação, em louvor do Mistério do Grande Nome, e falou deste modo a seus discípulos: Acercai-vos, vinde a mim. E eles, obedecendo, aproximaram-se do Mestre. Ele dirigiu-se então aos quatro pontos cardiais do Mundo e, pronunciando o Grande Nome sobre suas cabeças, abençoou-os e deu Luz a seus olhos para que vissem. Então lhes disse Jesus: Olhai para cima e dizei o quanto vedes. E eles alçaram seu olhar estático, vislumbrando uma grande e poderosa Luz que nenhum habitante da Terra poderia descobrir. Ele falou-lhes novamente: Apartai a vista da grandiosidade desta Luz, dizei-me o que vês agora. Eles então lhe responderam dizendo: vemos Fogo, Água, Vinho e Sangue. Jesus falou: Em verdade vos digo, que não trouxe, quando vim ao mundo, senão Fogo e Água, Vinho e Sangue. Levei o Fogo e a Água da Luz das Luzes ao Reino da Luz e tomei o Vinho e o Sangue do lugar de Barbelos. Depois de um instante, porém, meu Pai enviou-me o Espírito Santo em forma de Pomba. O Fogo, a Água e o Vinho foram para limpeza e purificação de todos os pecados. O sangue, em troca, circula em mim, como símbolo do corpo humano que recebi no lugar de Barbelos, da grande força do Deus invisível. O Espírito como Fogo Sagrado vai ao encontro de todas as almas, para levá-las ao lugar da Luz. Por isso vos disse: vim para atirar Fogo sobre a Terra, porque vim para limpar com o Fogo os pecados dos homens. Por isso disse também à Samaritana: se conhecesses o dom de Deus e quem é que te disse: dá-me de beber; então lhe rogarias e ele te daria Água Viva, a que produz um manancial fecundo até a vida eterna. Eis aqui porque tomei uma jarra de Vinho, abençoei-a e dei a vós dizendo: Este é o

Sangue da Aliança, a que será derramada por vós para vossa redenção. E por isso, no meu flanco cravou-se aquela lança que fiz brotar Água e Sangue. Então disse Jesus a seus discípulos: trazei-me Fogo e ramos de videira. Cumprido isto, preparou a oferenda, o Sacrifício. E colocou dois cântaros, um à direita e outro à esquerda. Pôs a oferenda diante de si e colocou um jarro de Água diante do cântaro de Vinho e, à esquerda, pães, conforme o número dos seus discípulos, em meio aos jarros. A seguir colocou um jarro de Água atrás dos pães. Jesus estava em pé, diante da oferenda, e fez seus discípulos colocarem-se atrás de si. Na sua mão estava o número do Pai do Tesouro da Luz. E Jesus disse em voz alta (todos os participantes se ajoelharam): Escutai-me, ó Pai amoroso, Pai de toda paternidade na Luz".

IAO
IAO
IAO
IAO
IAO
IAO.

Acólitos ∴ AMÉM, AMÉM, AMÉM.

Sacerdote ∴ *"Escutai-me, Oh Pai amoroso. Pai de toda Paternidade. Chamo-te em pessoa. Chamo-os também a vós, Espíritos Celestes. A vós que perdoais os pecados. A vós que purificais as más ações. Perdoai os pecados das almas destes meus discípulos que me seguiram e purificai todas as suas más ações, fazendo-as dignas de que sejam consideradas para o Reino do meu Pai, do Pai do Tesouro da Luz. Agora, tu, O Pai de toda paternidade, faz com que desçam todas aquelas Potestades Angélicas, quando eu te invoco. Ouvi: perdoai os pecados destas almas, purificando-as* das suas más ações. *Querem ser dignos de ser levados ao Reino do meu Pai do tesouro da Luz. Porque conheço vossas forças poderosas e agora as invoco.* Tu, *Pai celestial, acolhe a prece de todos para que tu também perdoes seus pecados e as más ações que, já sabendo e em ignorância, foram cometidos até hoje, para que se façam dignos de receber esse Excelso Sacrifício, Pai Santo.*

Se Tu, porém, Oh Pai, me ouviste e me perdoaste em verdade, os pecados destas almas e purificaste todas as suas ações tornando-as dignas do teu Reino de Luz, me dê pois, um sinal, neste instante abençoado da minha oferenda".

(Faz-se uma pausa.)

"*E Jesus disse: Alegrai-vos, enchei-vos de júbilo, porque vossos pecados foram perdoados, purificadas vossas más ações e fostes levados em conta para o Reino do meu Pai*".

Todos ∴ Amém.

Todos se levantam, sobem ao Altar os Acólitos, acercam-se do Oficiante, sempre um de cada lado. Então o Sacerdote estende as palmas das mãos sobre o Pão e o Vinho que se encontram adiante e diz: "*Desperta Luz Misteriosa, Ascende Logos Divino, Dilata-te sublime Energia dos Céus e vivifica. Ó prodigiosa Substância crística este Pão (ou este Vinho) onde moras tu que és o corpo do salvador (ou és o Sangue do Redentor.)*"

Esta fórmula repete-se de igual forma e quantas vezes for preciso consagrar Pão e Vinho, pronunciando ao final de cada Mantra correspondente à Estação.

Então o Sacerdote, acompanhado dos Acólitos vai até o Altar da direita e consagra o Pão. Terminam e voltam, detendo-se para uma reverência de cabeça, em meio do Altar principal e segue até o da esquerda para consagrar o Vinho. Regressam ao

Altar principal. Acólitos e presentes põem-se de joelhos. Toma o Sacerdote a Eucaristia (Pão e Vinho) oferece-a aos dois Acólitos e, por último, aos dois irmãos mais caracterizados, que, depois de haver terminado, pegarão cada um por uma ponta um pano ou lençol branco de três, quatro ou mais metros e colocaram-no em sentido vertical para simular uma varanda (se não houver uma) de onde se irão aproximando, pouco a pouco, todos os participantes de joelhos. O Acólito da direita toma as bandejas de Pão. O da esquerda, um jarro de vinho, que irá vertendo, à medida que for preciso, no cálice que o Sacerdote levará na mão esquerda. Oferece o Pão, primeiro a quantos se tenham aproximado do pano ou lençol. Sem que ninguém se levante, torna a oferecer-lhes o Vinho, finalizando com o Ato de Selar. Recebendo-se este selo da Santa Cruz, vão levantando-se para deixar cada um seu lugar a outros participantes.

Fórmula para distribuição.

"*Recebe e aceita humildemente este Pão que é o Corpo do teu Salvador e Redentor. Recebe e toma deste Vinho, que é o Sangue do teu Senhor, oferecido para a salvação do mundo*".

Quando já se ofereceu o Vinho, o Sacerdote coloca a mão direita estendida, sem pousá-la sobre a cabeça do que recebe, dizendo: "*Que te fortaleça e te conserve para Vida Eterna, recebendo a Santa União do tesouro da Luz*".

Ato seguinte completa a Ação de Selar dizendo: "*Recebe o Selo da Santa Cruz*" (deve ser feito com o dedo polegar) sobre a boca e sobre o colo em sinal de que és considerado digno (ou digna) da sublime herança dos santos da Luz.

Havendo terminado, retornam todos ao Altar principal e os irmãos auxiliares recolhem o pano. Todos se põem de joelhos.

O Sacerdote levanta suas mãos na altura dos ombros e recita a seguinte Ação de Graças: *"Vem, desce, aproxima-te de nós, sublime nome de Cristo, nobre e excelso poder pleno de infinita graça, altíssimo dom dos céus. E tu também, mãe de graça, pura esposa do mais casto esposo, cuja mão em mistério descobre o Véu do Oculto e és a Mãe das sete Casas. Vem, desce, acerca-te, tu que permaneces plácida em teu desterro e que foste antes que as cinco sendas do Espírito, as cinco vias de pensamento, sentimento, reflexão, raciocínio e juízo. Partilha teu poder com aquele que nasceu mais tarde. Vem santa Ordem e que teu augusto dedo toque suavemente nossa espada e pouse na chama do nosso coração. Vem altíssimo dom dos Céus, pleno de infinita Graça. Desce. Tu que guardas o Sublime Segredo do Eleito. Tu que partilhas de cada batalha com o herói mais fidalgo. Tu que falas de poder e de grandeza e revelas o Mistério. Vem, desce e descobre-nos tua Magia Divina. Vem santa pomba, alado espírito, mãe dos gêmeos. Vem, mãe oculta, que somente por tuas obras te manifesta. Vem doadora da alegria que circundas de júbilo a todos os que te seguem. Vem e participa desta Ação de Graças que te oferecemos na Eucaristia e reparte teus sagrados dons entre os que celebram esta festa de amor a que foi convocado teu mágico e calado verbo".*

Todos: Amém.

Os presentes põem-se de pé.

O Sacerdote segue recitando a seguinte ação de graças à Luz:
"Luz das luzes, farol intenso de majestade infinita. Quero exaltar-te, porque ambiciono chegar a ti. Eu quero louvar-te, porque foste a Tocha que me tirou do caos. Quero absorver-te porque me deste tua branca chama e ela foi minha salvação. Como acreditei nela, a nada temerei se te tenho por guia. Porque foi a coroa que circundou minha mente, jamais me apartarei de ti, ainda que

me assediem todas as paixões, ainda que todas as tentações me combatam. Em ti estarei e viverei porque tu, Luz, moras em mim e eu estou dentro da tua branca chama. Quero agradecer-te, Senhor, porque és meu Deus. Não me abandones, Senhor, que és minha esperança. Tu me deste teu Reino generosamente e fui salvo por Ti. És Tu quem aninha meu cérebro com áureo diadema e nunca de ti desertarei. És Tu quem decora meu peito com forte escudo e nunca penetrará o mal. És Tu quem floresce em minha vida como árvore sagrada e nunca há de faltar-me a saúde. Porque brotas, reverdeces e entregas Teus frutos que são maduros na perfeição mediante Teu poder. Porque Tu me tiraste os laços das trevas e me fizeste voltar para Ti. Tu vieste sorridente ao meu lado e teu doce semblante inundou-me de bondade. Tu puseste tuas tochas na minha mão direita e na esquerda para que não ficasse um lado sem Luz. Tu prestastes Graça a minha sombra. Deste-me a mão com ternura infinita e a maldade e o erro apartaram-se de mim. E ainda que fui fortalecido na Tua verdade e puro na Tua justiça, deste-me a ventura do teu repouso eterno. De ti tenho o poder de desatar os laços porque matei minhas serpentes e minhas sementes ruins e em todo lugar me rodeia teu nome porque destruí a maldade, Tu aplainaste o caminho para teus fiéis servidores. Porque tua senda tornou-se indestrutível e tua face para sempre refulgente. Porque edificaste um Reino e preparaste uma santa morada para todos os teus eleitos".

IAO IAO IAO.

Todos: AMÉM, AMÉM, AMÉM.

Os assistentes levantam as mãos para o Céu. O Sacerdote cruza as suas sobre o peito e canta o Te Deum latino até o versículo do Sanctus, inclusive. À falta de cantores ou desta obra com música apropriada pode recitar-se o seguinte:

"*A ti, senhor, louvamos.*
Em ti, Senhor, confiamos.
A ti, Pai Onipotente,
Vai nosso amor reverente,
Porque em tudo te adoramos.
Santo, Santo, Santo, clamam
as criaturas que te amam,
e Senhor de Sabaoth
com doce e mística voz
os Querubins te proclamam".

Terminado este cântico, todos se colocam de joelhos. O Sacerdote volta-se para os fiéis e oferece a bênção faraônica (as mãos na altura dos ombros com as palmas para fora) com estas palavras:

"*Recebei todos esta bênção do Grande Nome*".

Todos inclinam-se: Amém.

Metafísica prática.

Disciplina individual —A

1. Ao levantar-se: coloque-se no chão com o pé direito ou esquerdo, conforme a respiração predominante seja pela narina direita ou esquerda.

2. Vire-se para o Oriente, no próprio quarto ou local destinado às práticas, faça o sinal da Cruz, traçando com a mão direita e o braço estendido uma Cruz, cuja linha vertical deverá partir da altura da testa e terminar no nível do plexo solar e a horizontal, do ombro esquerdo ao direito, cerrando-a com um círculo, cujo traçado deverá partir desse mesmo ponto, descer ao nível do plexo citado, subir à altura do ombro esquerdo, continuar até o nível da frente e finalmente descer pela direita, para terminar no ponto onde se iniciou a circunferência.

3. Faça sete respirações rítmicas e profundas sem esforço: inspire pelo nariz e dilate o abdômen (como se este se inchasse); em seguida, contraia o ventre e expire o ar pela boca, com os dentes cerrados, fazendo-os silvar: ssssssss...

O ambiente está cheio de substâncias em estado coloidal, como Prana, a força cristônica, que, ao inspirar, levas a teu interior que impregna todo o teu ser e carregando-o como um acumulador, que o coloca em contato com a vida universal, aumenta e melhora a saúde, a intelectualidade, a espiritualidade, a força e o poder, e tudo o que em ti é positivo.

Ao expirar o ar pense em todas as intoxicações, debilidades, estado enfermiço, ignorância e maldade; ou, em outras palavras, tudo que é negativo está sendo, desta forma, expulso de ti.

4. Pronuncia a seguinte oração procurando sentir intimamente as palavras:

"AMOR PURO QUE REINAS SOBRE TODO O UNIVERSO, torne plenamente repleto meu coração e meu corpo, a fim de que eu possa amar com todas as minhas forças o DIVINO SENHOR DA CRIAÇÃO, a meus próximos e a todos os seres viventes. DIVINO MESTRE te dou graças por tudo quanto fizeste por mim. Deposito em ti toda a minha confiança, todas as minhas esperanças, tenho absoluta Fé no teu saber infinito, na tua Onipotência Divina e em teu imenso amor para com todas as criaturas. SABEDORIA DIVINA, se reflete continuamente no meu espírito. Sejas tu minha Luz, meu amparo e meu guia e assim seguirei firmemente no caminho da justiça e da verdade. Assim seja."

5. Faça a prática nº. 1, preparatória, em separado.

6. Encha plenamente os pulmões de ar e imagine que o ar circule por eles e desce até o baixo ventre. Mais ou menos na tonalidade da nota musical mi média da clave de sol, pronunciar a vogal iiiiii... com som contínuo, até que os pulmões expulsem todo ar e procure conseguir que o som produzido faça vibrar todo o seu corpo, da cabeça aos pés. Esta prática deverá ser rítmica, com sua inspiração-expiração completa, efetuadas lentamente e obedecendo à seguinte ordem: sete vezes em cada prática, durante a primeira semana; 14, 21, 28 vezes respectivamente na segunda, terceira etc. semanas.

7. Profira a seguinte oração:

"Abençoados sejam os que viveram antes de nós, os que estão conosco e os que nos seguem e graças sejam dadas aos seus Mestres, diretores invisíveis. Abençoados sejam os que estão acima, abaixo, à direita e à esquerda e venham a nós as forças neles incorporadas. Abençoados sejam os que nos amam e nos compreendem e Abençoados os que nos odeiam porque não nos compreendem e graças sejam dadas às almas neles encarnadas. Bendizemos, FORÇAS CONCENTRADAS NOS NAHUAS, na Loja Branca de Montserrat e nas outras espalhadas pelo mundo e permitam que os IRMÃOS INVISÍVEIS cuidem desta criatura (dizer aqui o nome de cada um), até o fim dos seus dias".

Assim seja.

8. Termine fazendo o sinal da Cruz tal como foi descrito anteriormente.

Nota: As práticas de 1 a 4 devem ser feitas a cada dia até o fim do curso.

As práticas de 5 a 8 devem ser feitas uma vez à tarde ou à noite.

1º Mês. Disciplina A.
Prática nº 1 (preparatória).

Pensemos intensamente que possuímos muita vida e que a manifestamos mental e de modo psíquico através dos nossos pensamentos e dos nossos atos. Vamos reter este pensamento, procurando mantê-lo constantemente. Não deixemos que o pensamento nos fuja, vamos conservá-lo sempre em mente.

Repitamos a frase *"EU ESTOU VIVO"* ao despertar de manhã, pelo meio-dia e à noite, antes de dormir, durante o dia e sempre que for possível, ou pelo menos a cada hora.

Quando estivermos preocupados com um trabalho importante, devemos dizer: *"EU ESTOU VIVO e quero colocar toda vida possível nesta tarefa"*.

Se nos encontramos com o ânimo abatido, digamos: *"EU ESTOU VIVO"*.

Quando nossos pulmões aspiram, pensemos intensamente que aspiramos vigor, força, vida, e ao expirar o ar viciado, pensemos que junto com ele sai tudo o que é velho, morto, todas as condições mórbidas e negativas que possamos ter em nós. E deixemos que nossos pensamentos se transformem em ações. Não nos conformemos em dizer que estamos vivos, senão que devemos dar prova disto em todos os nossos atos. Tenhamos interesse na realização imediata de nossos propósitos, não deixando nunca para começar "amanhã". Manifestemos intensa vida e energia, realizando agora e sempre o *"EU ESTOU VIVO"*.

2º. Mês. Disciplina A Prática nº. 2. (Preparatória)

O Eu interior está constantemente fechado na casca ou envoltura pelo nosso Eu externo. Apesar disso, não é possível retê-lo em nossa imaginação, não obstante esteja ao nosso alcance, qual seja, em nossa própria fisionomia, nos seus mais vivos detalhes. Conhecemos os que nos rodeiam e por isso podemos dizer que fulano é parecido com cicrano, mas jamais diremos que nós mesmos nos parecemos com alguém.

A esse respeito, é muito necessário olhar-se durante meia hora em um espelho, pois, não é tempo perdido. Observar-se com olhos de ocultista, de analítico. Com olhos de investigador que busca algo essencial, através da forma grosseira, mais ou menos bela.

Mire-se no espelho e trate de encontrar de modo mental o que está imediatamente atrás da nossa retina. Concentre-se de forma tranquila sobre si mesmo e pense, ao mesmo tempo, sobre todos os valores internos, sobre todo o valor moral e veja, de imediato, como uma espécie de fluido ao redor do próprio cérebro. Então, concentrar-se mais intensamente sobre a frase "EU QUERO" e dizer:

"EU SOU VONTADE. Tudo quanto eu queira, hei de realizar. Sou um centro magnético que a todos atrai. Sou um acumulador de poder, de força, de vitalidade, de sorte e de fortuna. A mim, nada me dobra, nem nada me submete. Eu me sinto o paladino da vontade. Onde eu for, deixarei sempre centelhas de Luz e de energia."

Este exercício repete-se até que se consiga que tome forma plástica e real.

Como somos efetivamente acumuladores vivos de energia e alguns dos nossos alunos podem levar à prática este exercício com todo o proveito, permita-se a nós a insistência em recomendar que todos os poderes que se adquirem sejam utilizados sempre em benefício do próximo necessitado ou ainda de nós próprios, mas que jamais seja, em caso algum, em prejuízo de nossos semelhantes.

Leve em conta que o bem formará o botão da sua Rosa para que se abra e, pelo contrário, o mal o apartará da Rosa com distância tão grande que talvez não se lhe permita empreender novamente o caminho.

3º Mês. Disciplina. A Prática nº 3

Sente-se, endireite a espinha dorsal e deixe o corpo relaxado. Feche os olhos ou deixe-os semi cerrados, concentrando o olhar no cenho, ou seja, no alto do nariz.

Depois, com a maior serenidade, sinta como seu alento entra e sai com naturalidade. Ao inspirar pronuncie mentalmente a palavra sagrada: "*HONG*", sem mover a língua. Ao expirar pronuncie na forma indicada a palavra: "*SAU*. *NÃO USE DE MODO ALGUM A VONTADE MENTAL OU ESFORÇO PARA FAZER ENTRAR OU SAIR SEU ALENTO*". Enquanto executa esta prática, tome uma atitude serena como observador silencioso do seu alento natural, que entra e sai, do qual não se tem, em geral, consciência.

Com grande respeito e atenção, pratique este exercício pelo menos por 15 minutos diários, inicialmente. Depois, este tempo pode ser aumentado. Para esta prática deverá ser utilizada uma cadeira, isolando-se o estudante dela e do solo, na falta de túnica, por meio de um cobertor de lã, que deverá cobrir o espaldar da cadeira, o assento e a parte do solo em que pousam os pés do praticante. Deverá ele ficar de frente para o nascente (leste), tendo o cuidado de não tocar as costas no espaldar da cadeira. Este exercício poderá ser feito em qualquer ocasião de que o estudante disponha. A falta de atenção durante a prática trará sono.

4º Mês. Disciplina A
Prática nº 4.

Pronuncie todas as manhãs, ao levantar-te, a palavra: *"EHEIEH"*. Faça como que o som desta palavra vá do cérebro ao ventre. À noite, pronuncie como que estivesse chamando, *"CHAJJITH"* e pense em evocar anjos que descem do céu, envoltos em fogo sagrado. Finalmente pense, já na cama, no primeiro mandamento: *"EU SOU TEU DEUS, TEU SENHOR"*. EHEIEH é o nome de um dos Sephirot, ou um dos dez caminhos para chegar-se a Deus, segundo consta no texto hebreu da Bíblia, no Êxodo, cap. 3, vers.14, em que Deus ordena a Abraão dizer ao povo de Israel *"EHEIE"*, que significa: *"EU SEREI"*.

CHAJJIT é encontrado no livro de Ezequiel, cap.1, vers. cinco, onde se invocam os anjos que aparecem. Foi traduzido por animais e seria essa a explicação. Do versículo anterior, toma-se o fogo sagrado em que se deve pensar.

Os textos sagrados dos judeus sustentam que o alfabeto hebreu e todos os alfabetos procedem do céu.

Eduardo Sturken, o famoso orientalista, provou que esta afirmação é feita por obras muito mais antigas que as dos judeus.

Num papiro, encontra-se o seguinte: *"No espaço celestial que cobre nossa terra, há figuras mediante as quais podem descobrir-se os mais formidáveis segredos. Nestas figuras residem grandes segredos e poderes e são, ao mesmo tempo, as letras com as que estão escritos os nomes de Deus, mediante, os quais, o Altíssimo comunica seu poder".*

Os antigos já afirmavam o poder existente nas figuras Zodiacais e que o Deus que se manifesta por meio delas, pode ser invocado por nós.

Para os judeus, os Sephiroth constituíam parte do organismo de Adam-Kadmón, o homem Divino. Por outro lado, os Sephiroth são os dez caminhos para chegar a Deus e são, ao mesmo tempo, dez nomes correspondentes à divindade.

Disse o Thora, um dos livros sagrados: *"os Sephiroth recebem igualmente os pensamentos, as palavras e os feitos dos homens; neles repercute o grande poder Divino e os Sephiroth são os únicos mediadores entre Deus e os homens. Com a pronunciação dos nomes de Deus, atraímos sobre nós forças imensas e anjos que vêm em socorro dos humanos".*

De maneira que, em conformidade com os textos antigos, há relações entre as forças zodiacais, os Sephiroth e as letras fundamentais, ou seja, as vocais.

A Prática Do Silêncio
Aula Lucis Central
(Aula central da luz)

Mensagem do Soberano
Comendador da F.R.A.

Curso de Metafísica Prática para os Irmãos dependentes do SUMMUM SUPREMUM SANCTUARIUM.

1ª Lição – Disciplina A
Introdução

"Eu sou...Una é a mente, Una é a lei, Uno, o princípio. Uma é a substância no Universo e Eu sou Uno com tudo o que é."

"Eu sou Uno com meu pai; meu pai e eu somos Uno. Eu sou quem sou."

"Assim dirás aos filhos de Israel; EU Sou me envia a vós." Êxodo 3:11

Eu Sou é o primeiro princípio do ser e da sabedoria. A metafísica é o estudo do primeiro princípio do ser e do saber, da essência natural e das suas relações fundamentais com tudo o que é real. Espero que, todos os estudantes neste curso leiam e estudem repetidas vezes cada lição, não porque seja difícil compreendê-las, mas porque a repetição é necessária neste caso e ainda mais, quando se trata de práticas que encontrarão em outras lições posteriores.

Os fatos reais e a verdade mesmo podem entender-se pelo estudo; porém, jamais poderão se sentir sem a prática. Por exemplo: conhecer o Bem, o que é bom por meio de livros que tratem dessa verdade é relativamente fácil; mas importante do que sentir no coração e no mais profundo da alma o que é o Bem, é necessário praticá-lo.

Tratando-se das lições de metafísica, há que sentir as virtudes pela prática, da mesma forma que há de se fazer os exercícios ou práticas que acompanham as lições, caso contrário seria como querer aprender a tocar um violino, estudando somente a teoria, sem praticar com o instrumento.

Neste curso trataremos somente de metafísica, desconciderando intencionalmente os seres e as ordens hierárquicas elementais e superiores à ordem humana, para ser mais claros e simples. Quando tocamos em pontos de outros conhecimentos ocultos de outras escolas, bíblicas ou de alguma religião, o faremos como uma referência, para simplificar o que queremos expor, porém, em alguns casos, também o faremos com a ideia de corrigir algum conceito errôneo. Rogamos ao estudante que se despoje de todo prejuízo ou crítica contra as lições.

Se já estudou algo parecido e não alcançou o êxito desejado, não se desanime, pois apenas a constância, a paciência e a ousadia são fatores com os que se deve contar no desenvolvimento interno para alcançar o êxito, quer seja material, mental ou espiritual. O caminho é árduo, tedioso e não tem atalhos. A aceleração ou o atalho só conduzem à desilusão. Mesmo que pareça ser moroso, penoso e aborrecido, não é difícil e todo aquele que persevera, consegue encontrar a chave que abre a porta interna onde jazem tesouros imensos, sabedoria infinita, alegria transbordante, saúde radiante, um prazer infantil e inocente que infunde o viver como jamais havíamos sentido desde que passamos da puberdade.

Agora, como bom Mestre a bom discípulo, de amigo para amigo, falaremos com mais intimidade, com mais confiança, para sermos explícitos e claros.

Vou mostrar-te um novo mundo que está dentro de ti mesmo. Tão junto a ti, não obstante, tão perdido. Tão perdido para ti como a palavra perdida, essa palavra mágica de grande poder que Cristo pregava. Ainda que ela esteja perdida, nós a repetimos cem vezes por dia. Essa palavra é: *"Eu sou"*. Com ela se abre um mundo novo, um reino novo, sim; o reino dos céus que está em ti mesmo.

Antes, façamos um pequeno repasse de algo muito importante do que há em nosso ser e em nosso corpo.

Temos um cérebro com um sistema de nervos que se chamam motores. Operam com nossa consciência objetiva. Possuímos outro sistema de nervos chamado grande simpático e vários plexos, gânglios ou centros magnéticos. O maior destes plexos chama-se plexo solar e está situado atrás do estômago. Este sistema do grande simpático e este plexo solar operam com nossa consciência subjetiva. Temos então, duas consciências ou mentes: uma objetiva, em que somos conscientes dos nossos atos e outra subjetiva ou subconsciente, de cujos atos não somos conscientes, isto é, não os percebemos.

No Universo não há senão uma mente, uma lei, um princípio, uma essência ou substância cósmica, também chamada Divina, mas as diferenças desta substância Una são múltiplas. Esta variação ou multiplicidade desta só e única substância é devida ao organismo através do qual se manifesta. Por exemplo, a mente universal ou Divina, como queira chamá-la, ao refletir-se no cérebro e sistema motor, converte-se em mente consciente ou objetiva. Esta mesma mente universal refletindo-se sobre o plexo solar e o grande simpático, converte-se em mente subconsciente, quer dizer, consciência subjetiva.

Outro exemplo: uma vibração qualquer é percebida pelo nosso nervo auditivo, é registrada em nosso cérebro e nós percebemos um som. Esta mesma vibração, porém, continua pelos nervos cerebrais até passar ao nervo vago, que por sua vez a conduz ao plexo solar e percebemos então uma sensação. Daí a música que alegra e a que entristece, o grito ou lamento que assemelha ao terror. Os demais sentidos registram (a visão, o olfato etc.) registram da mesma forma. Isto nos conduz às conclusões de que todo sentir ou impulso pertence ao reino da mente subconsciente e atua sobre o plexo solar e o grande simpático.

Agora observe isto: quando a mente Divina ou universal fica em contato direto com o plexo solar e o grande simpático, converte-se ou diferencia-se em mente supraconsciente. Esta é a mais alta manifestação da mente universal e é sempre perfeita e inefável. Nesta superconsciência há sabedoria infinita.

E agora, pense bem, tudo isto esta em ti, dentro do teu próprio ser. Reflita sobre essa grande verdade e medite sobre esta verdade metafísica: "não há senão uma mente, uma lei, um princípio, uma substância, no Universo e eu sou Uno com tudo o que há."

Pense nesta grande verdade ao se levantar, ao se deitar, quando contemplar os homens bons, maus, ricos e pobres. Medite nesta grande verdade quando contemplas a criação nos seus múltiplos aspectos, desde o verme até o leão, desde a pequena flor até o frondoso bosque, a planície, a montanha, a nuvem e o firmamento estrelado, cheio de sóis e de mundos, tudo girando ao compasso do ritmo, do amor da lei Una, porque é a inteligência mesma do princípio Uno e todo é, é a própria substância humana.

E tu, que contemplas, estás dentro de todo este concerto, tomas parte integrante e importante dessa grande harmonia. Compreenda-os, aceite-os. Sinta-te Uno com o todo. Pense neles, medite sobre eles, até imprimir este "sentir" no teu subconsciente e então saberás o que é dizer: *"Eu sou Uno com tudo o que há"*, ou como disse o Nazareno: *"Meu pai eu somos uno"*. (São João, 9:30)

Muito importante

Recomendamos a todos os estudantes a ir afastando-se de todo vestígio de ódio, ira, murmúrios, sentimentalismos, avareza, pretensão e todas estas emoções que degeneram. Lembre-se que este curso é prático e é melhor ser do que saber, porque se está dentro da harmonia universal, se dá por aceito o último.

Na lição seguinte vamos praticar o exercício do "silêncio". Lembre-se : *"O que sinta teu coração é o que se torna efetivo no Universo e não o que falam os teus lábios"*. Procura, pois, somente sentir coisas boas.

2ª — Lição Disciplina A
O Silêncio

O silêncio é uma condição imprescindível no trabalho metafísico. Para evitar qualquer perigo, torna-se necessário conhecer suas regras, de modo que se obtenha somente aquilo que é benéfico. As regras são tão simples que será impossível errar. O objetivo ao entrar no silêncio é o de se por em contato com forças invisíveis, sintonizando-nos com elas. O que se pode fazer no silêncio depende do caráter e da natureza das forças invisíveis com que nos comuniquemos. Durante o silêncio podemos entrar em contato com forças construtivas, criadoras e até mesmo destrutivas. É, por isso, necessário conhecer e saber o método de trabalho que devemos observar durante o silêncio. Evitaremos assim prejudicar nossos semelhantes e a nós mesmos, pois diariamente se causa muito prejuízo de forma inconsciente, porque se ignoram as regras e a natureza do silêncio, da meditação e da oração.

Preparação.

A preparação é indispensável para levar a um término feliz e com precisão, qualquer obra que empreendamos. Se construirmos um edifício, planejamos todos seus detalhes, reunimos os diversos materiais para que estejam à mão e depois contratamos e distribuímos as diferentes tarefas entre os operários. Uma vez realizadas estas gestões, com estudo e cuidado, estamos seguros de que a obra ficará completa e perfeita ao seu devido tempo, pois tudo havia sido previsto de antemão e o êxito se deverá ao preparo.

Se para uma obra externa, digamos no âmbito material, preparamo-nos com tantos pormenores, com muito maior razão, o mesmo deve ser feito para uma obra interna, espiritual, como é a de entrar e trabalhar no silêncio, porque o silêncio é o laboratório da alma, onde todos trabalham diariamente às cegas. E onde de agora em diante, trabalharemos de forma consciente e, por conseguinte, de forma criadora.

Primeira Regra.

Como entramos no silêncio? Nossa primeira preparação será determinar e fixar em nossa mente o objetivo ao entrar no silêncio, como para pedir sabedoria, saúde etc.

Segunda Regra.

Afirmar em nossa mente e determinar que não penetre, e muito menos, tornem-se efetivas outras influências ou pensamentos distintos daqueles que correspondem ao objetivo ou propósito que nos levou a entrar no silêncio, conforme a primeira regra.

Terceira Regra.

Esta terceira regra de preparação refere-se às condições do corpo físico e a ampliaremos oportunamente, pois detalharemos mais cada uma destas regras, começando com a primeira.

Primeira Regra.

Entrar no silêncio não é coisa nova. Praticou-se desde que o homem existe. Não é uma descoberta recente, muito menos para uso exclusivo desta ou daquela pessoa como pretende algumas religiões, a Igreja da Ciência Cristã e textos de psicologia. O que acontece é que este estado, nem sempre foi denominado "Silêncio" e sua prática nem sempre foi compreendida e aplicada cientificamente.

Os Mestres e sábios do Oriente passam longas horas em meditação e comunicação com o Espírito Universal com o objeto de desenvolver-se internamente.

Em todas as religiões, a oração é um fator importante.

Oração, Meditação e Silêncio dependem da evolução individual e da compreensão por parte do indivíduo do Princípio Universal (Deus), de acordo com o desejo e a vontade do indivíduo de entrar em harmonia com aquele princípio. Muitos são os que creem num Poder, num Ser, a que chamam de Deus e em que, se ele quiser, poderá dar-lhes o que desejaram. Para isso, fazem uso da oração, com o propósito de suplicar a esse Ser, para ver se assim o induzem a cumprir seus desejos.

Muitos acreditam que se Deus não quer comprazer seus desejos, é porque suas orações não foram aprovadas por Ele. Por esta razão e com esta ideia fixa em suas mentes, fabricarão cuidadosamente orações e rezas de acordo com sua concepção de Deus, a fim de satisfazê-lo melhor. Inventarão para este fim, métodos distintos.

Alguns empregarão certas palavras; outros farão uso do rosário; outros, um tapete sagrado e alguns gravarão imagens num poste, assim por diante. Porém, para todos, essas práticas representarão um papel importante em seus atos de devoção. Todos esses métodos dão a entender que deve haver um Poder ou Ser Supremo fora do homem, exterior ou retirado do homem e do Universo, que tem que ser agradado pela súplica, ou quando menos, convencido e como é natural, que pode dar ou negar o que se lhe pede. Não obstante, ao concentrar a luz da razão pura e a verdade sobre essas premissas, verificamos que tudo isso é falso. Mesmo assim a oração aplicada desta forma e sentido anticientíficos, não se pode negar que se obtiveram resultados favoráveis para o bem-estar da humanidade. Conclui-se, pois, que se muito se consegue sobre uma base tão falsa e sobre conceitos tão infantis, muito mais poderemos obter com conhecimento de causa, do modo que explicamos a seguir:

"*Nós nos movimentamos, vivemos e temos nosso ser na mente universal e esta se move dentro de nós*", como disse Santo Agostinho. Apesar que não é a mente universal, considerada como uma pessoa, ainda que, por analogia, tenha sua correspondência como macrocosmos e microcosmos, senão como lei da vida, como princípio. De modo que, em lugar de procurar um poder externo para realizar nossos desejos, devemos buscá-lo dentro de nós, em nosso próprio interior. Por isso, o Cristo dizia: "*Eu estou em ti, tu, em Mim; Eu no Pai e o Pai em Mim.*" Também: "*O reino dos céus está dentro de ti.*"; "*E não dirás, é aqui ou é aí, porque é entre vós em que está o reino de Deus*". Portanto, se queremos visitar o reino dos céus ou comunicar-nos com o Pai, devemos ver e concentrar-nos dentro de nós mesmos, em nosso interior, em nossa alma.

Jesus também nos disse: "*Quando orares, não seja como os hipócritas, porque eles gostam de orar na sinagoga e nas esquinas das ruas para serem vistos e ouvidos pelos homens*". Não obstante, não somente nos ensina que não devemos orar assim, senão que também nos oferece o método que é completamente oposto e diz: "*Mas, tu, quando orares, entra em tua câmara e cerrando tua porta, ore a teu Pai em segredo e teu Pai, que vê em segredo, te recompensará em público.*" E:"*Ao orar não faças várias repetições como os gentios.*"

(São Mateus,6:5).

Isso significa que para orar, deverás retirar-te a um lugar em que não sejas perturbado; acalmar teu interior e cerrar a porta da tu mente para não permitir que teus pensamentos se dispersem pelo Universo. Apenas acalmando tua mente e repousando teu corpo, poderás concentrar-te dentro do teu ser, dentro da tua alma. Metafisicamente falando, quer dizer, que entres no Silêncio (Oração, Meditação) e que cerres as portas ao mundo exterior. Uma vez tendo entrado no silêncio, o que buscas? Que desejas? Desejas sabedoria? "Se alguém deseja sabedoria, que a peça a Deus (Mente Universal)". E onde se encontra Deus, essa Mente Universal? Em nosso interior, em teu interior. Assim, a única coisa que tens a fazer, é adotar a atitude mental apropriada a que aspire a teus desejos de sabedoria e simplesmente esperar e ouvir. Notarás que pouco a pouco, a cada dia que o faças, sentirás internamente o despertar da sabedoria. Mas lembre-se, sabedoria não é intelectualidade. Ser sábio não é apenas saber muito, mas ser uma criatura de coração. Se buscas saúde ou prosperidade também a encontrará, porque delas te rodearás. É natural que devas crer e ter fé, quer dizer, não duvidar dos resultados do Silêncio, porque deves ter confiança em ti mesmo. Deus é o supremo bem, o bem é Deus. Deus é tudo o que existe. Deus é a Vida total. A vida que tu dizes que possuis é Vida Divina. Então o Divino Bem, a Divina Vida, o Divino Amor, a Divina Lei, a Divina Beleza, a Divina Substância, são todas as manifestações de uma mesma e única Essência-Deus.

Se for saúde o que pedes a terás e o mesmo ocorrerá se pedires paz, prosperidade, êxito; o que quiseres, o encontrarás no teu interior, porque tudo isso se encontra em ti potencialmente. Por isso, se entrares no teu ser, na tua câmara, e pedires nesse sagrado e secreto recinto que se encontra no centro de ti, se o fazes impelido por um desejo fervoroso e sincero, tal desejo infalivelmente se materializará em tua vida ao seu devido tempo. A resposta a terás de imediato; porém, a manifestação às vezes, seja lenta.

Se desejares uma casa bonita e entras no Silêncio com esse desejo, é evidente que não terás a casa quando terminares a prática; não obstante, se acariciaste esse desejo, com o calor da fé, se o "sentiste" na tu consciência, na tu alma, então haverás posto em movimento, a causa, o arquétipo no mundo invisível e as circunstâncias se apresentarão e serão de tal modo, favoráveis, que teus desejos se realizarão.

Deves notar o seguinte: quando te houveres inspirado devidamente com teu desejo, vislumbrarás a fonte infinita universal e imediatamente adquirirá força em ti um "sentir" ou pressentimento que te avisará sem equivocar-te sobre quando se realizarão teus desejos. Tudo é questão de consciência, de sentir, entrar em silêncio para mudar tua consciência, para aperfeiçoar tua alma e para ajustá-la às leis universais e isso te coloca em harmonia com teu Pai, com Deus. "E tudo o que peças em oração, com fé o receberás". E o recebes porque é teu, porque terás verificado que é teu.

Haverás despertado a consciência de que é teu aquilo que desejas porque o "sentiste" em tua alma.

Segunda Regra.

O segundo passo ao entrar no silêncio é não permitir que acudam à mente outros pensamentos, senão os relacionados com o objeto determinado. Se outros pensamentos se apresentarem, aparta-os. Faça isso todas às vezes, levando tua mente ao assunto que te preocupa e com a prática, em pouco tempo, terás domínio sobre tua mente e depois te será fácil fixá-la exclusivamente sobre um único assunto.

Terceira Regra.

A terceira regra refere-se à preparação do corpo. É este o procedimento: sente-se confortavelmente num lugar onde não sejas interrompido e relaxe todos os músculos. Faça isto todos os dias na hora que tiveres disponível, seja durante o dia ou à noite. Como o trabalho que se realiza no Silêncio vem de dentro, é preciso fechar as "portas do corpo", quer dizer, as mãos e os pés. Estas "portas" são fechadas cruzando os pés e entrelaçando as mãos. Assim tua câmara fica fechada. Esta é a posição do corpo para esta prática, para receber a Mente Universal, através do nosso íntimo. Para receber do exterior, dos Mestres, a posição é outra.

A Segunda posição deverá ser supervisionada por um alto Iniciado, devido às inúmeras influências que podem comunicar-se. Fechamos a "porta" ao entrar no Silêncio, porque é assunto secreto, sintonizar-nos e nos colocar em comunicação com a Mente Divina (Sabedoria Infinita). Uma vez sentados comodamente, cruzamos os pés e entrelaçamos ou seguramos uma mão com a outra, depois relaxamos todo o corpo, mantendo a cabeça em equilíbrio, isto é, sem incliná-la para nenhum lado. Para continuar com o relaxamento, siga a prática exposta mais adiante.

O estudante notará a repetição desta prática em lições posteriores o que irá demonstrar-lhe a importância deste exercício. A hora de fazê-la é quando disponha de tempo e, sobretudo, quando sinta vontade de fazê-la. Deve-se empregar o maior tempo possível com ela. Não te esqueças que antes de entrar no silêncio deverás fixar o que vais pedir em oração no final do exercício. Fixe-o em tua mente e não o modifiques. Procura pedir ou orar por uma só coisa, cada vez em que entres no silêncio. Agora inicia a prática.

Prática do silêncio.

Uma vez na posição indicada, ordene às diversas partes do teu corpo, o seguinte: feche os olhos e visualize-os. Isto é, veja teus próprios olhos mentalmente e quando estiveres vendo-os, repita várias vezes e sem divagar: *"Relaxem, olhos meus."* Passa para a testa e repita a mesma operação, ordena mentalmente: *"Relaxe, minha testa.".* Prossegue-se do mesmo modo, devagar, a partir do alto da cabeça: *"Relaxe, minha cabeça".* E assim por diante: *"Relaxe meu pescoço, meus ombros, meus braços, os dedos, os omoplatas, a parte entre, os omoplatas, o peito, os pulmões, o estômago, o abdômen, a espinha dorsal, a pélvis, os músculos, os joelhos, as pernas, os tornozelos, os pés..."* E não se esqueça de relaxar também a garganta.

Respire com naturalidade e quando expirar o ar, repita novamente: *"Eu estou tranquilo".* Repita isto várias vezes. Da mesma forma, repita: *"Eu sinto o regozijo".* Depois coloque a garganta como quando ri e repita suavemente: *"Eu sinto alegria".* Repita-o, até essa sensação invada todo o teu corpo e teu ser, sinta tranquilidade, contentamento e alegria.

Enquanto te encontras neste estado, repita mentalmente esta verdade: "SÓ HÁ UMA MENTE, UMA LEI, UM PRINCÍPIO, UMA SUBSTÂNCIA NO UNIVERSO E EU SOU UNO COM TUDO O QUE EXISTE."

Depois de repetir isto de forma mental, por várias vezes, peça em oração o que desejares. Também realize isso mentalmente e com poucas palavras, procurando desejar veementemente o que pedes, até senti-lo em tua alma. Nesta prática reside um grande poder e eu não me cansarei de repetir que a faças, todos os dias, quantas vezes quiseres, até que possas efetuá-la com muita facilidade. Igualmente não me cansarei de dizer que penses muito na verdade metafísica: *"SÓ HÁ UMA MENTE, UMA LEI, UM PRINCÍPIO, UMA SUBSTÂNCIA DO UNIVERSO E EU SOU UNO COM TUDO O QUE EXISTE."*

3ª Lição — Disciplina B.
Oração.

O objetivo presente é esclarecer a finalidade da oração.

A oração tem sido e é geralmente mal compreendida e, sobretudo, mal praticada.

A consequência do uso que dela se faz em público ou em particular, da errônea interpretação da sua finalidade, é que muitos a consideram uma prática infantil e inadequada a homens e mulheres inteligentes.

Como dissemos, a oração e o silêncio são a mesma "moeda" e ambos devem penetrar em nossa consciência ou em nosso interior e assim estabelecer perfeita comunicação com a mente universal ou inteligência divina.

Devemos escolher uma hora do dia para a realização desta prática, se quisermos descobrir os sublimes poderes da nossa mente e da nossa alma. Isto não significa que não possamos orar ou entrar no Silêncio a qualquer hora ou lugar, inclusive entre a multidão. O indispensável é saber isolar-se, desfazer-nos de todas as influências externas e entrar em comunicação com a Divindade Interna.

Às vezes, nos colocamos de forma inconsciente em atitude inadequada para a oração, quando estamos em perigo ou numa situação difícil. Então, ao sentir-nos sós, somos absorvidos por nós mesmos, ainda que estejamos rodeados de muitas outras pessoas. Santiago disse: *"Oremos pelos outros para que sejam curados."* Muitos conhecem o valor da oração realizada em proveito próprio, mas poucos conhecem os benefícios adquiridos, quando pedem para os outros.

Sentes muitas vezes o desejo de orar por um semelhante e não duvidarás de que auxiliá-lo-ás deste modo, mas talvez ignores que, orando pelos outros, serás tu mesmo, beneficiado ao mesmo tempo.

Paulo, o apóstolo da verdade metafísica, disse: *"Nenhum de vós vive para si mesmo, nem tão pouco morre para si mesmo".* Isto nos demonstra que não há mais do que uma Mente, uma Lei, um Princípio, uma Substância no Universo e Eu sou Uno com tudo o que existe. Por isto, quando oras pelos outros, estás orando por ti mesmo. Tudo o que em tua oração pode beneficiar a outros, volta em teu benefício, e o que possa prejudicar, volta-se em teu prejuízo. Se, ao penetrar no santuário secreto que existe em teu interior e em comunhão com a Inteligência Universal, aninhares desejos amáveis e bondosos para alguém, atrairás influências e pensamentos idênticos aos que estás emitindo. Receberás de acordo com o que pedes para o outro e o outro, o beneficiário, receberá na proporção e quantidades merecidas de acordo com a mensagem e o pensamento que irradiaste. Quando rezamos por outro, não devemos assumir suas responsabilidades, nem submetê-lo a nossos caprichos ou predomínio.

Ao rezar por alguém, devemos ter o máximo cuidado de não pretender dominá-lo e muito menos de impor-lhe nossa vontade. Tampouco, podemos pedir ou desejar que se submeta a nossa ideia religiosa ou à nossa maneira de pensar sobre qualquer assunto. A não ser que se proceda com toda sinceridade, se a pessoa é sensível ou negativa, iremos prejudicá-la em vez de ajudá-la. Não temos o direito de violar a lei do livre-arbítrio, a Liberdade Universal, que nem sequer Deus restringe.

Ao orar por outro, apenas devemos pensar e desejar que seja beneficiado e guiado, de maneira que desfrute dos melhores proveitos, de acordo com seu estado ou grau de desenvolvimento e que lhe seja concedido bem-estar, tranquilidade e paz. Devemos permitir-lhe a máxima liberdade na escolha das dádivas divinas.

Em tua própria alma sentirás o benefício que solicitas aos demais.

Roga para que se realize o bem alheio.

Pede saúde para um enfermo, prosperidade para os que se esforçam em adquiri-la. Tudo o que se solicita de forma sincera para outros, ou o que se deseja de coração que suceda a nossos semelhantes, quando menos esperamos, sucede-nos melhor do que se houvéssemos pedido para nós mesmos.

Se desejares êxito, dê aos outros em tuas orações.

Se desejares paz, prosperidade, saúde ou sabedoria, pede-a para os outros.

Assim o benefício será duplo, porque beneficiarás os demais e a ti mesmo.

A oração deve ser um desejo que se sinta na alma.

Toda oração ou desejo será satisfeito ou realizado, sempre que não se produza um curto-circuito. A dúvida e a falta de fé em geral, são a causa desse curto-circuito. A dúvida, porém, e a falta de fé, não deixam de ser um pequeno temor.

Para evitarmos esta dúvida, quer dizer, para adquirirmos uma fé indestrutível, devemos pedir de preferência aquilo que nos pareça mais viável ou tenhamos mais certeza de que venha a acontecer. Assim aprenderemos a ter confiança em nós mesmos e a tempo de fixar-nos em nosso subconsciente e depois continuaremos convencidos de que nossos rogos e nossas rezas serão atendidos. Devemos começar solicitando tudo o que nos pareça mais fácil ou tenhamos a certeza de que vai acontecer.

Se soubermos, por exemplo, que um comerciante, um homem de negócios é feliz em seu comércio, devemos pedir que lhe fosse concedida muita felicidade e prosperidade.

Se temos conhecimento que um enfermo está em franca e visível convalescência, pedimos que se restabeleça por completo. Assim teremos mais probabilidades de alcançar o que desejamos e deste modo, iremos consolidando nossa fé, nos resultados das nossas orações. Assim se mata a dúvida e se vivifica a fé.

Devemos regozijar-nos com a prosperidade alheia. Esta sensação de prazer pela prosperidade dos outros, cria iguais circunstâncias dentro da nossa própria vida. Implore o que tenhas certeza de obter, para que consolides tua fé e instruas a tua mente subconsciente.

Pedindo o que sabemos ou que estamos quase seguros de que venha suceder, nos habituaremos de forma gradual a solicitar o que não sabemos se irá realizar, porém, nosso subconsciente saberá que se há de realizar. Assim, mais tarde, pediremos aos outros aquilo que, nos pareça impossível e nossas súplicas serão ouvidas.

Desperta em teu coração o desejo do bem para os outros. Proceda sempre desta maneira, até na rua, com os transeuntes desconhecidos. Reze de todo o coração, pela prosperidade e pelo bem-estar deles, para que tudo lhes corra bem. Ora, assim, conscientemente, cientificamente, em todo momento, até que te convertas num foco radiante de oração e bênção tão intenso, que todos os que se aproximarem de ti, sintam a vibração da tua influência benéfica, porque transformaste tua própria alma numa chama formosa e expressiva do Divino em ti. Apesar de que, tenhas cuidado, não assumas as responsabilidades alheias. Que teu sentir não se perturbe com as desgraças e os sofrimentos alheios. Mantém tua serenidade e não te aflijas, porque te debilitas e podes inconscientemente participar das suas desgraças. Pensa que as experiências pelas quais passam eles, por mais duras que sejam não se podem evitá-las. É carma, são criações próprias, produzidas pelos maus pensamentos. Pensemos sempre bem.

Dizem que orar é sentir. Apenas o que se sente constitui a oração e nunca o que se diz ou se pensa ligeiramente. Então é fácil, por meio de uma oração, causar prejuízo a quem se queira fazer um benefício.

Basta que guardemos um pequeno rancor ou ressentimento ou uma simples inadvertência por uma pessoa e oremos por ela, para prejudicá-la e prejudicar-nos, porque o sentimento que experimentamos no momento de orar, é o que constitui oração e não as palavras dirigidas pela mente consciente. Neste caso, é melhor deixar de pedir por estas pessoas ou fazê-lo somente depois de uma sincera reconciliação e quando forem o coração e a alma os que sintam a espontânea necessidade de pedir por elas e não nossos lábios hipócritas.

Como a oração é o que se sente, devemos vigiar não só nossos pensamentos, senão também nossos sentimentos. Quando experimentamos aversão por uma pessoa, é melhor não orar por ela, porque a prejudicaremos. Orar é sentir e não o que os lábios dizem; por este motivo, as orações e as rezas das igrejas e das reuniões públicas, não passam de ser vãs pretensões.

As orações ditadas pela fé são sempre ouvidas, porque fé é sentir e sentir é criar. A oração tem sua sede na consciência, na alma, e a alma é sensível. A oração é uma sensação ou sentir e deste modo pode ser benéfica, maléfica ou inócua. Podes orar muitas vezes, por uma criatura que tua mente consciente repudia, isto é, encontrar-te em atitude de silêncio sentindo e desejando inconscientemente o que desejarias em plena consciência e isto atrairia seu equivalente.

Quando sentires, reconsidere, medite, sobre qualquer coisa, seja por temor ou desejo, estarás orando e se persistires nesse pensamento, essa oração será ouvida, quer dizer, atendida, boa ou má, para o bem ou para o mal. Nossa vida não é mais do que a soma total destas orações, destes pensamentos materializados.

Podes estar estimulando ou sentindo, isto é, visualizando uma coisa que, muitas vezes, não desejas que se realize, mas se persistes e não mudas seus sentimentos, teu desejo se realizará ou manifestará em tua vida irremissivelmente.

Em nossa vida se manifesta tudo aquilo que é desejável e indesejável, desde que se fixe em nosso pensamento, pois esse pensamento fixo ou repetido imprime de forma constante em nosso subconsciente o desejo ou o sentir de modo que, algum dia poderá manifestar-se.

A lei é inexorável, e não nos absorve por haver sido importunos ou inconscientes em nosso modo de pensar ou de orar.

Nosso bem ou nosso mal emanam da mesma fonte.

A substância é mesma, não obstante, nós, como artistas que somos lhe damos a forma. Se a amoldamos contra lei, a culpa é nossa.

É verdade, também, que muitas vezes desejamos algo que jamais se realizará. Isto acontece porque o desejo teve sua origem e expressão na mente consciente, o cérebro e quando permanece nesse plano de ação, não deixará de ser um simples desejo que nunca se materializará. Apesar de que um verdadeiro desejo, quando é protegido pelo sagrado converte-se em sensação, isto é, em desejo que se sente na alma.

A princípio todo desejo é simples, mas se é mantido ou se é conservado algum tempo na mente consciente, acaba por penetrar na mente subconsciente e ali se transforma em sentir o verdadeiro desejo. Nosso modo de pensar é o que imprime em nosso subconsciente, nossos desejos e nossas sensações.

É fácil perceber os conflitos que agitam nossos desejos; a sensação de medo e dúvida são os mais difíceis de combater, ainda que saibamos que tudo isso não é mais do que uma condição mental.

Se abrigares um desejo até o ponto de gravá-lo no subconsciente, não quer dizer que esteja garantida sua manifestação. Não, porque ao lado deste desejo penetrou, talvez, a dúvida ou o medo, causa do curto-circuito que mata a expressão dos desejos. O medo e a dúvida são os maiores inimigos do desejo.

As coisas às quais aspiramos devem ser concebidas no espírito. As concepções espirituais são muito delicadas, perturbam-se e são facilmente destruídas.

Cultiva teus melhores desejos.

Quando tiveres um, procure mantê-lo intacto na tua mente durante o maior tempo possível, mas quando começarem a intrometer-se outros pensamentos diferentes, ao sentir que se mantém deixe-o ir. Aparta-o totalmente da tua mente. Faça-o voltar uns cinco ou 10 minutos ou uma hora depois, não obstante, nesse momento, é preferível abandoná-lo e pensar em outra coisa.

Não importa que te deleites durante muito tempo com o perfume dos teus desejos, porque quanto maior seja o estímulo, mais facilmente se realizarão. Não esqueças, porém que, enquanto penetre em tua mente uma ideia negativa, morrerá o desejo, porque ele se debilita e se persistir no pensamento negativo, não se realizará o desejo.

Para que tua alma tenha consciência da verdade, dedica alguns instantes do dia à prática do silêncio. Quando entrares no silêncio, fica confortável onde nada possa incomodar. Cruze os pés, junte as mãos cruzando os dedos e equilibra a cabeça sobre os ombros. Depois de haver feito a afirmação: "*Eu sou uno com tudo o que existe etc.*", podes pedir o que havias pensado, sempre que esteja dentro da moral mais pura. Repita mentalmente tua súplica durante algum tempo, procurando sentir na alma o desejo do que pedes. Finalizada a prática, esquece o pedido e trata de esquecê-lo por completo, a fim de evitar que surja alguma dúvida. Seja firme no que pedes e aguarde com alegria e otimismo, a realização dos teus desejos. De imediato, isola da tua mente pensamentos inferiores que, se por acaso aparecerem, vão contra tua vontade.

Assim se atraem os Mestres.

4ª Lição – Disciplina B.
Intuição

A intuição, por seus efeitos no homem é uma das leis universais mais importantes e mesmo assim, a menos compreendida de todas. É preciso ter cuidado com a falsa premonição, que não é mais do que uma premonição psicológica. Essas impressões ou avisos internos que nos incitam a fazer ou não fazer alguma coisa, são corretas quando provêm da atividade da intuição, mas não são, quando tem origem de uma falsa premonição.

Tanto a intuição verdadeira como a falsa registram-se e manifestam-se como uma sensação, isto é, sentem-se os avisos que são ou não, certos e seguros, segundo a fonte de que provenham. As impressões provêm da mente subconsciente que é a soma de todos os nossos conhecimentos. Os conhecimentos que constituem essa mente subconsciente provêm da mente consciente e da supraconsciência.

Os conhecimentos que se vão arquivando na mente subconsciente e que passam através da mente consciente, entram por cinco portas, que são os cinco sentidos. Nesses cinco sentidos há ilusões ou aparências que enganam nossa visão. São as ilusões óticas.

A mente consciente, portanto, vê este engano como coisa verídica e assim o deixa passar como verdade aparente para formar nosso subconsciente. O mesmo acontece com os demais sentidos. Saboreamos, por exemplo, uma colherada de café que tem para nós um gosto excelente, quando na verdade não tem. É o aroma o que nos engana, dado que o paladar registra apenas o doce, o amargo, o salgado e o acre, como café não tem nenhum, destes sabores, é tão insípido como a água.

É natural, portanto, que os conhecimentos adquiridos pela mente consciente e seus cinco sentidos ou portas, podem ser ou não, e alguns são e outros não, verídicos e corretos. Deste modo, um aviso intuitivo que esteja fundamentado nestes conhecimentos subjacentes no subconsciente possa ser infalível ou não.

Os conhecimentos armazenados no subconsciente pela mente supraconsciente são a verdade absoluta e, neles podemos confiar a qualquer momento. O caráter e o grau em que a sabedoria infinita reflete-se através da mente supraconsciente irá depender do grau de desenvolvimento do indivíduo.

Nossa alma ou mente subconsciente precisa de regeneração ou reeducação. Devido a prejuízos raciais e religiosos e a erros e conhecimentos imperfeitos que entram no subconsciente através da mente consciente, nossos avisos intuitivos podem estar baseados nesses erros.

A regeneração da alma ou subconsciente é tarefa indispensável para todo aquele que deseja progredir na metafísica. Pouquíssimos que enveredam no estudo da metafísica e ocultismo, dão-se conta imediatamente desta imperiosa necessidade, pois apenas à medida que vamos depurando-nos, iremos aproximando-nos da fonte de luz.

Algumas religiões tendem à regeneração do subconsciente, mas outras apenas o embrutecem. Todas servem, portanto, para que o indivíduo descubra sua natureza dual, do bem e do mal. Isso quer dizer que, quando se propõe a trabalhar bem, há sempre um oposto, um mal que não o deixa atuar livremente, inclinando-o sempre para este mal. Deve-se isto ao desenvolvimento da mente sobre dois planos diferentes: o consciente e o subconsciente e posto que não esteja adequada para chegar a tais conclusões, deseja sempre o contrário e este contrário é o que conhecemos como o mal. Daí a importância de educar ou regenerar nosso subconsciente.

Note-se isto: no grau e na proporção em que a alma esteja regenerada, neste grau se sentirá paz e alegria, nessa proporção a intuição resolverá os problemas. Nesse caso, a intuição é a própria mente supraconsciente que a dirige e vem do plano mais elevado da mente ou vibração espiritual.

Uma pessoa que prospera num certo negócio foi guiada pela intuição, por sua vez, outra que a imite, fracassa, porque, ao imitar, é guiada por uma falsa intuição. Mas se o imitador, sem reparar na parte material, sente em seu interior a urgência de fazer a imitação, guiado pelo que há nela de serviço à humanidade, é a verdadeira intuição a que lhe fala e então o êxito será seu. Para distinguir a intuição dos falsos avisos, examine as impressões cuidadosamente. Verifique se não estão baseadas em aparências e se o objetivo não é mais do que um lucro material ou mercenário. Se o aviso vem de dentro, do íntimo, como um impulso para fazer a coisa em si ou por seu benefício geral, neste caso, a sugestão vem do interior, da intuição.

Pouco a pouco, à medida que descobres a lei da intuição, irás adquirir, pelo desenvolvimento da própria intuição, o conhecimento de suas impressões falsas e verdadeiras e poderá distingui-las facilmente. A intuição é mais profunda do que a razão da mente consciente.

Esta mente não pode compreender as coisas do espírito. Se seguirmos as indicações da intuição, faremos muitas coisas que a mente consciente não pode compreender.

Faz poucos anos, a mente consciente não admitia a possibilidade de voar ou de transmitir os sons sem auxílio de fios. A intuição, porém, que nunca descansa, encontrou mentes aperfeiçoadas com o pensamento científico e agora podemos viajar de avião ou ouvir rádio.

As informações que captamos pelos cinco sentidos são imperfeitas e, portanto suas impressões podem ser falsas. É possível, pois, desenvolver a intuição até tal ponto que todas as nossas impressões intuitivas sejam manifestações da mente supraconsciente

Nosso estado de desenvolvimento pode conhecer imediatamente a solução de qualquer problema. Porém, essa perfeição só e se conseguirá quando se desenvolver o que se denomina consciência Divina. A base para que se adquira esta consciência consiste em ter vontade, querer conhecer a verdade, seja qual for, e viver de acordo com a verdade.

É impossível adquirir o conhecimento de uma nova verdade, se no nosso foro interno já trazemos uma opinião preconcebida sobre o que esta pode ser. Portanto, ao estudar metafísica, examine com critério amplo as verdades aqui expostas, sem importar até que ponto pode diferir das verdades que conheces.

Não podemos deixar de repetir que não há mais do que uma mente, uma Lei, um Princípio, uma Substância e que o Homem é Uno com tudo o que existe. Porque, sem atender a credos, filosofias ou ensinamentos, sejam da índole que forem se chegamos à percepção, ao conhecimento desta grande verdade, poderemos fazer demonstrações metafísicas por meio da Intuição.

O mais importante para o desenvolvimento da intuição e das demais manifestações metafísicas é o dever de sermos conscientes da grande Lei Fundamental da Unidade: a conheça e o faça Uno com ela: *"Só há uma Mente, uma Lei, um Princípio, uma Substância no Universo, e Eu Sou Uno com todo o que existe"*.

Nas seguintes lições explicaremos este ponto com mais detalhes.

A prática alheia é de grande importância. Insistimos nela porque é uma chave; somente com ela se desenvolve o conhecimento das coisas metafísicas

Sente-se num lugar onde ninguém possa te interromper, cruze os braços e pés e coloque uma mão sobre a outra. Relaxe os músculos, equilibre a cabeça e prossiga com a prática. Terás percebido que a partir das últimas lições os parágrafos estão bem marcados. Isto é feito para que não passes a ler um novo parágrafo antes de ter compreendido bem o conteúdo do anterior. Leia, ou melhor, estude.

O estudo através de uma leitura lenta, pouco a pouco, para ir assimilando o sentido. Cada pequeno parágrafo ensina, encerra uma verdade, uma indicação importante, uma lição completa.

Se for possível, procure fazer todos os dias os exercícios do Silêncio. Poderás fazer tua petição sobre aquilo que estas estudando durante esse mês.

Durante o mês atual, por exemplo, deves desejar o desenvolvimento da intuição. Faça-as com prazer e de todo coração. Quando assim procederes, coloque em atividade, também para o teu proveito, um princípio universal que é a lei de dar e receber.

Quando permitires que esta lei se manifeste através do teu ser e das tuas mãos, abra tua própria porta para a abundância e a prosperidade. Conhecerás mais detalhes dessa lei oportunamente.

Agora a indico para que medites sobre este grande princípio; a terra que se cuida dá mais frutos, a árvore que se trata com mais esmero dá mais frutos. Observa que na natureza é um eterno dar e receber.

5ª. Lição — Disciplina B.
Guia interno

Existe algo interno em toda criatura humana que parece dar forma ao seu destino. Algumas vezes, a atuação desta força é agradável e em outras, desagradável. Assim, algumas vezes, o homem sente-se perplexo e perturbado sem saber o que fazer ou que decisão tomar.

Naturalmente, este estado de incerteza faz com que a vida seja muito pesada para muitos, posto que um dia, acertamos e vai tudo bem e em troca, outros dias tudo não é mais do que uma sucessão de destinos e faltas.

É uma vida muito miserável e parece que deveria haver um guia infalível, um timoneiro seguro em que pudéssemos confiar, para que nos conduza sempre a um porto seguro da vida.

Se estudar devidamente este curso, a verdade se desvelará ao estudante sincero, paciente e perseverante e descobrirá e verá que, efetivamente, há uma mão invisível, um Guia Interno em cada indivíduo que está sempre disposto a trabalhar para o próprio bem ou o melhoramento do mesmo.

Não é este um Guia ou Poder arbitrário que faz ou dá conformação dos acontecimentos a seu capricho, senão que é o bom Onipotente que sempre está disposto a estimular para a perfeição, porque saibas ou não, os aceites ou não, a perfeição é a meta de todo o ser. Não obstante, se há uma força interna que nos guia em todos os nossos assuntos, o que nos resta então, fazer, ou como proceder para atrapalhar este guia? Simplesmente observando a atitude mental apropriada é como cooperamos com a lei divina. Encurta-se assim o caminho para a meta.

Uma atitude contrária nos acarretará experiências desagradáveis. O homem deve viver em harmonia com a lei Divina; pelo contrário, sofrerá erros atrás de erros, até que aprenda a lição.

Note-se isto, algumas vezes, confunde-se de tal maneira o poder da fé, que tudo se deixa a ela e assim diminui nossos esforços e observa-se uma atitude passiva, negligente e negativa que se convertem em esponjas que absorvem tanto as boas como as más influências em tua alma ou consciência e geralmente degeneram na preguiça ou negligência.

Por outro lado, note-se também que outros, crendo que podem fazer ou conseguir tudo a custa dos seus esforços, injetam atividade e vigor a suas empresas, até cansar sua mente consciente. Caem num estado de um barco que, sem timoneiro, que navega a mercê das ondas, pois como a mente consciente não é receptora direta dos conhecimentos da sabedoria proveniente da Mente Universal ou Deus, não tem poder absoluto para guiar o homem até o êxito. Nenhum destes estados anteriores é o apropriado.

O homem não pode fazer as coisas somente com a mente consciente, nem tampouco legar ao poder interno ou à fé que o façam tudo por ele.

Nossa atividade mental, com respeito à lei e ao princípio que operam em nossa vida, nosso ambiente e circunstâncias, é o que faz de nós um canal e um meio de expressão da divina sabedoria. Com nosso modo de pensar é como nos convertemos no instrumento para a manifestação desse princípio.

Somente atraímos para nossa vida aquelas experiências que se encontram no mesmo plano mental em que atuamos. Por isso, devemos desenvolver nossa mente consciente até sua máxima capacidade para usá-la em benefício próprio. Mesmo tendo o conhecimento que o entendimento e a sabedoria são dons espirituais, não obstante também podem ser adquiridos por meio da cuidadosa aplicação do intelecto aos problemas da vida.

O intelecto corresponde à mente consciente, mas é uma preciosa dádiva de Deus, uma joia das escolhidas.

Nosso Guia Divino, piloto do nosso barco sobre as águas da vida, não é inflexível, nem seu trabalho está traçado fixamente, senão que à medida que elevamos ou regeneramos nossa consciência ou alma, o que se consegue mediante um modo construtivo de pensar, nosso piloto, ao mesmo tempo pode levar e de fato leva, nosso pequeno barco por águas mais quietas, amplas e profundas e, naturalmente, por onde há menos aglomeração por águas de pequenas embarcações.

Uma vez, cumprida fielmente a nossa parte, ao observar a atitude mental apropriada, devemos despreocupar-nos e aceitar em nosso foro íntimo que somos guiados por nosso guia divino.

Se algo ocorre que nos faça perder aqueles planos e projetos que havíamos preparado cuidadosamente, em vez de chatearmos ou resistir, nossa atitude deve ser a de um quieto reconhecimento e uma serena aceitação do nosso equívoco.

Nem o mais agudo intelecto pode ver além do véu que cobre o mundo chamado invisível, dos planos arquétipos, onde o futuro encontra-se em estado embrionário. Portanto, não devemos resistir aos acontecimentos, senão cooperar, obedecer e executar os ditames que se nos revelem.

Depois, a atitude mental apropriada consiste em usar com diligência e ação todas as nossas faculdades, fazendo nossos trabalhos ou pelo menos parte deles, o melhor possível.

Uma vez feito isto, deixaremos o resultado em mãos do guia interno, guardando a firme convicção de que tudo irá bem, sem preocuparmo-nos com as aparências. Tudo correrá suavemente sem obstáculos e com o tempo, todas as circunstâncias externas se harmonizarão e um novo e perfumado ambiente se nos envolverá. Jesus disse: *"Pai, dou-vos graças porque me ouvistes. Eu sei que sempre me ouvis."* Se o Pai sempre nos ouve, algumas vezes, porém, como ocorreu a Jesus, no horto de Getsêmani, o cálice da amargura não nos é apartado, senão que tenhamos de sublimá-lo até o máximo. Eu sou o instrumento do meu próprio bem. O bem é meu e todo bem é para mim. Todo êxito, toda paz, harmonia e alegria são meus e para mim.

Tudo isso me vem do invisível, é parte da substância invisível e eu sou o canal ou instrumento para que se manifeste através de mim em minha vida. Minha atitude mental decidirá se o canal está aberto ou fechado. Se pensar de forma construtiva e com otimismo, o conduto estará aberto. Se pensar destrutiva e imoralmente com pessimismo, o conduto permanecerá fechado e a substância Divina não poderá utilizar-me para suas múltiplas manifestações. Por isso, se algo me ocorre, que minha mente consciente me avise que há dificuldade ou perigo.

Minha atitude mental deverá merecer minha primeira atenção. Em vez de acovardar-me, inquietar-me ou modificar-me, será essa uma oportunidade para guardar a compostura, a serenidade e a calma para que a sabedoria divina se revele em minha consciência e com o tempo, saberei resolver meus problemas satisfatoriamente.

Quando sinto em minha consciência, em minha alma, que eu sou parte do bem que desejo, ainda que as aparências indiquem ao contrário, se mantiver a atitude mental de que isto é para mim, que está verificado para mim,em estado sereno, em harmoniosa quietude mental, então abro o conduto e a sabedoria se expressará em mim na forma do meu desejo.

Nada há fora ou apartado de nós que nos guia, senão que o Divino interior que, quando o conhecemos e aceitamos em consciência, nos conduzirá diretamente até nossa meta. Requer tempo e paciência até que o indivíduo seja capaz de manter-se firme e sereno diante da adversidade aparente e de entregar-se à direção do guia interno de sabedoria que jamais se equivoca. Porém, à medida que vai desenvolvendo-se nestes estudos, vai adquirindo esse poder de sobrepor-se a circunstâncias adversas.

Para cultivar o hábito de reconhecer este guia interno, devemos atribuir a ele todos os pequenos detalhes favoráveis de nossa vida diária. Se pudermos imprimir e sentir na alma que tudo vai bem ao que parece insignificante na vida rotineira, isto nos fortalecerá e nos preparará para os momentos mais difíceis que se apresentem.

Para observar a devida atitude mental nos casos desesperados há que saber aquietar o corpo. As condições discordantes geralmente se refletem nos movimentos do corpo.

Numa situação embaraçosa, alguns andam de um lado para outro, inquiridores, outros apertam as mãos, outros franzem o cenho, puxam o cabelo e assim se pode reconhecer por estes e outros movimentos a inquietude de muitas pessoas.

O mais indicado nestes casos é relaxar as mãos. Quase sempre que fixes atenção em tuas mãos, as encontrarás tensas. Tuas mãos foram feitas para dar e receber e se as mantiveres endurecidas, não poderão dar, nem receber.

Cada vez que te lembres disto, onde quer que estejas, relaxe as mãos e verás que efeito tão agradável de bem-estar, invadirá teu ser com a repetição desta prática.

Faça desta prática um costume, e ao pedir, pode ser que este guia divino interno seja o que te conduza em todos os teus assuntos até ao bem e à justiça.

6ª lição
Inspiração.

Os problemas da vida são muito variados e, em algumas vezes, nos defrontamos com alguns que são difíceis de resolver.

Muitas vezes, o sofrimento e a ansiedade nos causa uma perturbação mental que apenas agrava mais a situação. Esta perturbação esgota-nos até chegarmos ao ponto de temer pelo futuro e ver nele um obscuro e tormentoso oceano.

Todos nossos esforços e planos para sair deste apuro repousam e são tecidos dentro da nossa mente consciente. Concebemos ideias salvadoras, urdimos planos, sistemas e métodos, tudo isto, não obstante, perdurem apenas resultados errôneos e falsos, porque em todo estado, junto com o ambiente e as circunstâncias, existe também um estado anímico e é pelo que, a solução de qualquer problema está em sua alma.

Algumas pessoas dizem: *"Se não fosse por isto, eu faria aquilo outro"*. Não é o estado em que encontram-se que os impede de realizar seus desejos, senão o que os perturba, é algo que levam dentro de si mesmos. O estado ou a circunstância não é mais do que um mero incidente próprio da vida, é unicamente um resultado. Entretanto, o que em verdade, interfere, jaz dentro de ti mesmo.

Existe um sentir na tua alma, ainda que possa acontecer que não tenhas consciência disto e o que se interpõe entre ti e a realização de um objetivo, é que não compreendeste nem desenvolveste em tua alma os fundamentos principais, que uma vez compreendidos e ativados, afastam qualquer estado ou circunstância que estorve.

Jesus constatou a verdade quando disse: "*Buscai primeiro o reino de Deus e o tudo o mais se lhes dará por acréscimo.*"

Metafisicamente, toda vida Divina está dentro de ti e se compreendesses, se te tornasses consciente do que és nesta vida e que essa é a força que se move através de todas as coisas, então deixarias de afligir-te pelas condições externas e compreenderias que o mais importante para resolver teus problemas, é manter-te tranquilo e harmonioso.

Ao manter-te neste estado, não terás temor, estarás sereno, sem aflição, em paz e calma. Este estado é a união com o reino dos céus que está dentro de ti e que te ajudará a resolver teus problemas.

Se puderes estabelecer em ti, dentro de ti, dentro do teu ser, o conhecimento de que és Uno com a Fonte Universal, serás livre para pensar e trabalhar o melhor que puderes. Esta é a cooperação que devemos prestar à Inteligência Infinita para que nos ajude a resolver nossos problemas.

Um meio muito simples e prático para provocar a cooperação da inteligência Divina é imaginar o resultado que queremos obter, por exemplo, se estás enfermo, deves imaginar-te forte, vigoroso e cheio de saúde. Isto é idealizar. Se não destróis tua ideia com outra contrária ou com a dúvida e se repetes essas imagens, o resultado será que recobrarás a saúde e te porás forte. Desta mesma forma, podes idealizar outras condições, mas tenha cuidado de que não prejudiquem a terceiros.

A visualização exige repetição; em troca, a unidade com a fonte infinita, quer dizer, com Deus, esse conhecimento ou sentir de ser Uno com o todo, não necessita repetição. Deseje-se, sinta-se, peça-se, uma vez, e sucederá o melhor para cada um.

Os problemas se resolveram por si mesmos e isso se consegue vivendo em harmonia com os princípios fundamentais da Física. Podes ter uma obrigação ou compromisso a cumprir em determinada data e na tua opinião é impossível saldá-lo. Isso é um verdadeiro problema; não obstante, por mais que te apures ou mortifiques, não alterarás a situação, senão que esta piorará. Ao contrário, nestes casos, existe algo melhor que poderias fazer: podes sentar-te em silêncio. Isto modifica tuas vibrações.

Também modificas tuas vibrações de moléstia se dedicasses tua atenção e energias a um trabalho físico. O estado de agitação e de preocupação produz uma vibração de certa velocidade em teu sistema simpático; por isso ao praticar um exercício físico, mais ou menos cansativo, o sangue circula mais depressa, o que muda a velocidade vibratória. Assim, desaparece o que produz a depressão de espírito e a má impressão ou sensação. Não esqueças, em todo caso, que deves manter uma atitude mental, de acordo com ele. O fato de que não vejas que teus anelos se realizam como o deseja tua mente consciente não é razão para que duvides. A resposta aparecerá e serás guiado de alguma maneira até a resolução do referido problema. Se puderes tornar-te consciente desta verdade, de que o reino de Deus está dentro de ti, teus problemas se resolveriam corretamente.

Este método talvez exija muito da tua fé, mas vale a pena cumprir com esta demanda da fé. Uma vez que tenhas superado a prova e demonstrado uma justa medida da tua fé, será sempre mais fácil para ti avançar cada vez mais. Depois chegará o dia em que não te preocuparás ou não te afligirás mais com os compromissos. A má impressão ou sensação que tais coisas provocam, terá desaparecido para ti.

Eu sei que a prova é dura e que são muitos os vencidos pela dúvida ou pelos prejuízos; porém, se puderas ver claro, ainda que fora por um momento, descobririas que tua vida não depende do teu trabalho, nem da tua posição, nem do teu valor econômico.

O mundo está cheio de casas e empregos e enquanto mantiveres fiel ao que crês justo e bom e, mesmo assim o sintas na tua alma, então, passe o que passe, será sempre um bom resultado, porque te estarás unindo à Substância Universal de onde provêm todas as coisas para sua manifestação. O objetivo dos exercícios diários de silêncio é o de levar-te ao conhecimento dessa verdade: reintegrar-te na fonte divina.

Este estado de consciência de sentir-nos Uno com o Universo, com tudo o que existe, com Deus, é a maior e a mais formosa riqueza que podemos acumular. É dela que Jesus nos fala e a que devemos acumular no céu, a unidade com Deus, que a ferrugem não poderá atacá-la, nem os ladrões poderão roubá-la. Esta condição excelsa da alma é um legado que te conduzirá pela vida sem tribulações, moléstias, nem preocupações.

Entre no silêncio e sente-se confortavelmente num lugar onde não te perturbem.

Cruze os pés e entrelace as mãos.

Equilibre a cabeça de modo que não haja tensão nos músculos do colo e comece a prática do relaxamento.

Procure pensar todos os dias na maravilha da criação. Observe a vida em todas as suas variadas manifestações. Olhe no céu estrelado e pense na vida que existe em todos os mundos. Quantos seres, que diversidade de seres nos rodeiam e quantos deles são invisíveis a nossos olhos.

Pense, medite sobre todas estas maravilhas e quando sentires que penetra nas profundidades destas meditações, concentre-se na luz da tua inspiração no teu próprio ser, em ti mesmo e contempla-te, olha teu próprio ser como uma parte inseparável de todo este conjunto divinamente maravilhoso, infinito e eterno. Considere que todos os homens são, como tu, parte inseparável e importante também deste mesmo conjunto e que, tu e todos precisam trabalhar em harmonia, porque somos uno com o todo e porque, somente assim, sentimos esta formosa unidade com nossos semelhantes, percorreremos o caminho mais curto até a perfeição.

Retira-te das multidões, de vez em quando, caminha pelo mato ou pelo campo e põe-te a pensar nestas coisas.

A imensa maioria das pessoas lança-se aos braços febris da voracidade do viver, do trabalho, do prazer e do vício, esquecendo o objetivo da vida e poucos são os que, confrontando-se valentemente diante da dissolução da humanidade, salvam-na de cair no abismo e de dissipar-se num espantoso caos, e com ela todo o planeta Terra.

Repasse também, de vez em quando, as lições anteriores. Isso, além de servir-te de estimulante, irá fazê-lo compreender melhor muitas coisas.

Cada vez que as leias, recobrarás novos ânimos e mais firmeza para seguir a senda.

7ª Lição
Divina Luz

Deus, a Mente Divina, ajuda correspondendo a nossos esforços, isto é, como diz o conhecido ditado: *"Ajuda-te que Deus te ajudará"*. Apesar que o maior obstáculo que se alça a nossa melhora geral, é essa apatia, essa indiferença, esse sentir interno ou sentimento que se traduz em *"eu não sei"*, *"eu não posso"* ou *"eu não quero"*. Quantas vezes nos enfrentamos com os problemas da vida e achamos que única solução é encolhermos os ombros e pronunciamos um *"eu não posso"* ou um *"eu não sei"*. É necessário saber como erradicar essas frase do nosso subconsciente e eliminá-las por completo do nosso vocabulário. Muitos itens como esses estudos nos ajudarão a encontrar uma forma para dissermos *"eu sou"*, *"eu posso"*, *"eu quero"* com sentimento. A vida então adquirirá um novo aspecto, outro colorido mais vivo que nos trará bem-estar e paz mental. Vamos para lá! Porém, tampouco queiram ajudar tanto, que deixemos coisas a perder. Não! A primeira coisa que deve ser feita é sentir em nosso interior uma plena confiança de que um determinado problema se resolverá favoravelmente, vendo o problema com calma e até com certa indiferença. As coisas irão sucedendo-se e ajustando-se de tal maneira, que inclusive parecerá que o problema se resolve por si mesmo.

Há que aprender que quando não temos demasiada ânsia na solução de uma dificuldade, esta se simplifica.

No interior do homem há luz.

Um ministro ou sacerdote chama-a de Espírito Santo; um metafísico ou ocultista dá-lhe o nome de Substância Crística e um psicólogo a chamará de intuição; não obstante, tudo isto é a mesma coisa.

Esta substância do Cristo ou consciência cristônica pode objetivar-se em forma de luz e esta luz pode ser vista como o olho interno, com a mente. Este significado é encontrado nas palavras de São Mateus: *"se teu olho fosse sincero, todo o teu corpo seria luminoso"*, e de São João: *"Aquela era luz verdadeira que ilumina a todo homem que vem a este mundo."*

Através da história do mundo, a luz do sol, da lua e das estrelas foi representada como símbolo do conhecimento ou inteligência espiritual. Mas, a luz a que Jesus e outros grandes Mestres fazem referência é essa luz interna e de natureza espiritual.

Este profundo sentimento espiritual, purificado por um contínuo pensar reto e construtivo, pode ser objetivado como luz, que se pode ver a qualquer momento com os olhos fechados. A cor desta luz depende do desenvolvimento espiritual do indivíduo veja (O tatámetro o as vibrações do éter, Dr. Krumm-Heller).

A manifestação mais elevada é a dessa substância de Cristo, objetivada como uma luz branca imaculada.

Quando o homem é capaz de ativar esta luz branca, envolvendo-se nela, pode realizar curas maravilhosas em si mesmo e nos demais.

Objetivar é fazer que se veja o subjetivo, o invisível.

A objetivação da luz não é um mistério, o mesmo o que acontece com o pensamento, cujos efeitos podem ver-se com o olho material.

Tudo o que vemos com os olhos físicos, não passa de pensamentos objetivados.

A mais elevada e sutil vibração, que o que chamamos Espírito Divino, não pode objetivar-se até tal ponto em que se faça visível aos olhos materiais, ou perceptível a qualquer dos cinco sentidos físicos. Porém, pode-se objetivar nas profundidades do ser, no plano espiritual e, neste plano, ver-se com os olhos fechados. Esta e muitas outras verdades são completamente invisíveis aos nossos olhos materiais. Por isso a luz interna que pode ser objetivada com os olhos fechados, é o Divino em nós.

Muitas vezes podemos ver esta luz com o canto do olho como pequenas faíscas. Também pode aparecer como uma iluminação diante dos nossos olhos, quando nos sentamos num quarto escuro com os olhos fechados. Outras vezes podemos vê-la como uma bola de luz, intensamente radiante.

Se entrares num quarto escuro, com o propósito de buscar algo ali, o primeiro que fazes é acender uma luz para distinguir os diversos objetos e encontrar o que buscas. Deves fazer o mesmo, quando tiveres que resolver um problema. No teu interior há uma luz, iluminação espiritual da mais alta densidade, representante da Sabedoria Divina. Para que se revele, a solução deve acender tua luz interna e conseguirás se fechar as portas da tua mente e entrar no silêncio. Então se revelará a solução e saberás o que deves fazer.

Para explicar como podes lograr este estado de consciência, devo dizer que jamais afirmes: *"eu não posso"*, *"eu não sei"*, porque isso é uma falsidade, posto que em ti reside a sabedoria divina, ainda quando não o saibas ou sintas e se continuas com a repetição dessas palavras negativas ou indolentes nunca obterás a manifestação dessa divindade em ti. Substitui tudo isso por *"eu sou"*, *"eu quero"*, *"eu posso"* e o êxito será teu.

O desenvolvimento da faculdade por meio da qual conhecerás intuitivamente a solução de qualquer problema vem mais pela força do querer que do saber. Por isso teus métodos, sejam quais forem, deverão antes ser de desenvolvimento ou crescimento prático do que estudo ou de aprendizagem.

Existe uma grande diferença entre estes dois meios de adquirir conhecimentos. Um é o estudo, a teoria; outro é a prática, a experiência.

Por meio do estudo progressivo, apenas aplicaríamos a mente consciente ou objetiva na solução de um problema, gastaríamos de forma inútil muito tempo e energia, porque os problemas da vida não devem resolver-se desta maneira. A correta solução de um problema está dentro de nós mesmos e consegue-se com facilidade enfocando aí a Divina Sabedoria, assegurando-nos: *"eu sei, "eu posso", "eu quero"*, porque em mim se encontra a Luz que me guia.

Para desenvolver a faculdade que te ajudará a despertar a sabedoria interna, deves antes aprender a permanecer em repouso físico e mental. A solução revela-se de modos distintos quando estás em completo repouso. Talvez vejas o assunto mentalmente. Talvez o visualizes, vejas sua forma ou como uma fotografia detalhada, passando por tua vista mental. Não penses muito em ver os detalhes por aí no espaço, mas espera de forma tranquila, a revelação aparecerá como que pelo horizonte. Se não aparece assim, talvez venha como pensamento ou como uma voz que te indique. Não se trata, contudo, de uma voz que ouvirás com os ouvidos materiais, senão de uma voz interna, que te dirá com precisão o que deves fazer. Inclusive pode aparecer como um símbolo. Quando assim sucede, estuda-o, ainda quando pareça não relacionar-se com o que deveria ser a resposta ou a solução, pois no final te conduzirá ao problema.

Também pode ocorrer que a resposta não apareça quando não estejas no silêncio. Se isto acontece, não te desanimes, pois muitas vezes surge muito depois, quando menos se pensa.

Neste caso, a pessoa há de retirar-se contente do silêncio e não preocupar-se com a resposta, confiando em que esta se apresentará em seu devido tempo. Este é outro modo como opera a lei da *"não resistência"*.

Como agora saberá de memória a rotina da prática do silêncio, não a repetiremos, aproveitando este espaço para outras explicações. Assim, pois, entra no silêncio, sente-se confortavelmente, cruze os pés e entrelace as mãos. Prossiga com as ordens de relaxamento e não esqueças a afirmação: *"Não há senão uma Mente, uma Lei, um Princípio, uma Substância Universal e Eu sou Uno com tudo o que existe"*.

Depois desta afirmação, já sabes que podes pedir, como na oração a seguir, o que queiras.

Mensagem de saúde
O que é a mente?
Meditação para o silêncio.

"Tu, deidade inefável e gloriosa, és minha mãe e meu pai. Vou a ti para aprender. Revela-me, nestes momentos de silêncio; Tua presença, o poder que vive em mim."

A mente é o pensador, a mente é o princípio protagonista em todos os atos do Universo.

Mente é esse algo, único, que é consciente de si mesmo, dos seus atos e movimentos.

A mente é o criador.

A mente é a substância base da qual são criadas todas as coisas por sua própria ação sobre si mesma.

É imponderável, imperecível, indestrutível e imutável. Está presente em qualquer parte; sabe tudo, é todo poder, todo amor e toda inteligência.

É o Eu que constantemente usamos em nossa conversa. Significa individualidade espiritual. É originalidade, é o que está atrás de tudo e o princípio de todas as coisas. É o agente que manifesta toda manifestação.

Mente são linhas de força que a ciência encontra em nossas partículas de matéria, mais além ou menores do que o elétron.

DEUS OU MENTE UNIVERSAL.

8ª. Lição
Poderes invisíveis e sua influência

A influência e a importância das forças invisíveis com relação à nossa vida são absolutamente incompreensíveis para o homem.

Os chamados cientistas e práticos riem-se dos que se dedicam ao estudo e ao conhecimento destes assuntos que estão além do olho cético e analítico, que não se podem ver nem analisar; observam tudo isto com desprezo, porque não querem recorrer a outros meios, como aqueles que nos impregnamos para compreender estas coisas invisíveis. O subjetivo é para eles, algo de muita especulação.

Na realidade, porém, nenhum deles compreende absolutamente força alguma; o máximo que podem ver são seus efeitos ou manifestações.

Tudo aquilo que antes, considerava-se sobrenatural, é hoje aceito perfeitamente como natural. Não obstante, essas forças seguem sendo hoje, tão inexplicáveis como eram para a maioria dos homens.

A atividade da eletricidade foi aceita há muitos anos, mas somente desde há pouco tempo, o homem começou a dominá-la e a servir-se dela em benefício próprio.

O homem antigamente olhava essa força com pavor, uma vez que podia derrubar uma poderosa árvore, reduzindo-a em pedaços e rompia a pedra em salientes escarpados. Contudo, sobrepunha-se uma esperança: dominar essa força conduzi-la por um canal e aproveitá-la em benefício da humanidade. E o sonho se realizou.

O homem progrediu a passos gigantescos no seu aspecto material com aproveitamento desta força. Aceitou-a sem resmungar; e apesar de tudo, a eletricidade não pode ver-se, nem compreender-se completamente. Continua ainda sendo uma força invisível. Fatos maravilhosos estão acontecendo em nossos dias, maravilhosas descobertas e invenções sucedem-se umas as outras.

Um homem isola-se num quarto hermeticamente fechado e pode ouvir um programa musical emitido a uma distância de milhares de quilômetros. Diariamente podemos ver fotografias impressas e transmitidas de um continente a outro.

Faz algum tempo, uma pessoa de Washington, capital dos Estados Unidos, fez uma chamada telefônica e esteve não apenas falando com seu amigo em Nova Iorque, senão que o podia ver e até sentir sua presença e sua personalidade (a televisão). Grandes coisas em verdade. Apesar disso, quem pode conhecer de modo verdadeiro o fenômeno que se opera e ver a força que o produz?

Acontecimentos muito maiores ainda veremos ; não obstante, para o homem que medita, resulta cada vez mais evidente que o real das coisas do Universo está ou tem sua sede no invisível. E essas coisas que nos parecem tão reais, não são mais do que a manifestação do que antes esteve invisível.

Desta esfera invisível dos arquétipos provêm esses acontecimentos novos e maravilhosos. E o homem chegou à conclusão de que estas forças aparentemente más, destrutivas e maléficas, podem ser utilizadas em proveito da humanidade. Por exemplo, a estática do rádio pode ser uma força que amanhã ou mais tarde pode ser conquistada pelo homem e aproveitada de alguma forma.

Enquanto a ciência penetra no terreno do invisível, procurando conquistar as forças invisíveis (o metafísico, o ocultismo), penetra no reino místico com sua visão interna e ali aprende seus segredos cuidadosamente guardados, que aproveita em seu próprio desenvolvimento mental e com o qual vai elevando gradualmente o nível de consciência do gênero humano.

O cientista está prestando um grande serviço em benefício da humanidade; não obstante, o metafísico, o que trabalha no reino espiritual e no reino da mente, está prestando um serviço ainda maior. Porque ele, ao investigar as forças invisíveis da vida, que são as que têm uma grande influência sobre o caráter e a consciência, eleva o entendimento humano. O cientista reconhece o grande perigo que a cada passo oferecem estas forças invisíveis, o que exige uma investigação inteligente e um cuidado extremo. Um exemplo destes perigos encontramos na eletricidade; aquele que não conhece suas leis, facilmente perde a vida provocando distúrbios e desgraças simplesmente pela má aplicação e pelo manejo ruim destas forças.

Podemos dizer, sem receio de equívoco, que as condições adversas existentes no mundo atual, são precisamente o resultado da má aplicação, por parte do homem, das leis espirituais e mentais, porque dentro dele há uma força enorme, um poder terrível, e a maioria dos que fazem constantemente uso deste poder, muitas vezes sem saber o que existe nele. Às vezes, nos espantamos de ver nas condições vergonhosas e desastrosas em que vivemos. Quanto mais baixa for a evolução espiritual e mental, mais insuportáveis serão as condições da vida, porque esta força interna do homem aplica-se em pensar mal, produzindo neste caso, somente ódio, ansiedade, mortificação, sensualidade, avareza e covardia. Na verdade, são poucos aqueles que não estão dominados por um ou por outro destes defeitos que, repito, não são mais do que a consequência da faculdade de pensar mal.

Destes defeitos ou forças destrutivas, o medo e covardia são tão mortíferos como a eletricidade, roubam do homem sua virilidade e sua intrepidez e desencadeando-lhe o fracasso, convertendo-o em escravo de perigos imaginários.

O ódio é como uma bola que regressa àquele que a atira. É como uma flecha envenenada que volta para cravar-se no peito de quem a atirou. Foge-se de um leproso, mas abriga-se no peito uma chaga cem vezes mais mortífera e mais asquerosa do que a lepra, que é esse sentimento de ira e de ódio contra nossos semelhantes.

Na medida em que os homens iluminam-se com a lâmpada da razão e da justiça, liberam suas vidas destas forças destrutivas.

Contudo, essas forças adversas da força que opera dentro da vida do homem não são reais em si mesmas, representam apenas a ausência do bem construtivo; são, por assim dizê-lo, os abortos do poder divino que nós provocamos, porque se deixássemos que se expressasse com normalidade, somente emanaria de nós como amor.

O discípulo João expôs uma chave de vida quando disse: *"Aquele que não ama, não conhece Deus, porque Deus é amor"*.

Se Deus é amor, então o amor é Deus e por amor foram criadas todas as coisas. O amor é a força mais potente do Universo e quando o homem reconhecer esta força, que se registra em seu mecanismo, terá posto os pés na vereda da perfeição.

Nesta grande força que chamamos amor existem grandes possibilidades, não apenas para a elevação espiritual do homem, mas também para sua melhora material. O amor é a força criadora que envolve todo de dentro para fora, do invisível ao visível e quando tenha dominado o coração do homem, suas faculdades criativas, da mente e do corpo, serão despertas e a partir daí, a evolução do gênero humano caminhará a passos gigantescos. Porque o amor como costuma ser entendido, é um amor específico, isto é, um amor vital e formoso; não obstante, o amor puro é o amor ideal, é o amor convertido em universal. Esse amor deve sentir-se. Consiste em sentir amor, carinho e Fraternidade pelos homens. Devemos esforçar-nos para que o amor seja uma parte integrante da nossa consciência, da nossa alma, ensinando-nos a sentir por todas as criaturas que encontramos no nosso caminho, cultivando uma consciência de amor que, com toda a certeza, nos levará automaticamente a amar até os nossos inimigos.

Se fôssemos submetidos à prova, deveríamos mostrar que sabemos amar a todos com nossos sentimentos, porque, pelo contrário, a ninguém enganaríamos, senão a nós mesmos. O amor é uma grande força curativa.

Numa congregação, onde cada um dos componentes esteja altamente desenvolvido na prática de irradiar apenas vibrações expressivas de amor, somente existirão harmonia e paz, pelo que seriam desconhecidas nesse meio, as enfermidades e as dificuldades de qualquer espécie. Enquanto que no campo material, um só cientista pode beneficiar uma multidão com seu saber e suas descobertas, no campo mental e espiritual.

No campo da mente e do espírito, cada um deve aperfeiçoar-se por seu próprio esforço, deve ser bom por si mesmo. Terá que fazer com que as coisas espirituais sejam parte da sua própria consciência, algo que ninguém poderá fazer por ele.

O metafísico, o ocultista tende somente a indicar às massas o caminho que conduz verdadeiramente ao conhecimento da operação da lei do amor.

Cultivemos o Amor Ideal, aprendamos a sentir amor por todas as pessoas com quem nos encontramos diariamente. Não será necessário manifestá-lo, o necessário é senti-lo. É poder abrir uma porta a mais no curso dos nossos estudos.

Agora entre no silêncio e depois de repetir a afirmação, várias vezes e sentir em teu corpo uma grande serenidade, doçura, paz, harmonia, pode pedir, como na oração, o que desejares.

9ª Lição
Realidade do ser

O ponto essencial no estudo da metafísica é aprender a ser. O que o homem é, seu caráter, suas atividades são o resultado dos seus pensamentos e sentimentos.

Dizemos que o pensamento é criador, profundo, dominante, que lança suas raízes no subconsciente.

Quando as circunstâncias são-lhe propícias, tarde ou cedo, tais pensamentos manifestam-se e dão seu fruto, segundo sua classe, porque pensar é semear e quem semeia, colhe. Se nossos pensamentos fossem palpáveis para todas as pessoas, nos envergonharíamos de irradiar tanto pensamento sensual, de ódio, de inveja, de covardia etc. O direito, não obstante, de pensar e a segurança de que nossos pensamentos não são aparentemente perceptíveis, nos dão a oportunidade de pensar de forma desenfreada e assim o fazemos, sem perceber que eles, um dia ou outro, nos acusarão por seus frutos.

O pensamento cristaliza-se, porque a mente subconsciente, em seu afã criador, dará lugar e ocasião para que se manifeste no plano ou condição material. Por conseguinte, o estudante de metafísica sabe que está seguro contra qualquer circunstância adversa sempre que admita somente pensamentos sãos, construtivos, de paz, harmonia, alegria; portanto há de se saber que isso não se domina ou se conquista num só dia e, em muitos casos, em meses. As condições adversas são como erva daninha em um campo semeado, que brota aqui e ali e volta a brotar, mas que um agricultor zeloso e ativo por fim exterminará, arrancando-a pela raiz e matando-a em sua semente.

As sementes das condições adversas da vida são os pensamentos negativos e destrutivos. Podemos desde agora, começar a pensar que, em condições adversas, podem reaparecer meses mais tarde. São sementes que foram semeadas no campo e dão seu fruto. Porém, com o tempo e a invariabilidade, este modo de pensar deixará nosso campo mental limpo, mais ou menos, para que nossa semente do bem nos traga abundantes colheitas de alegria, abundância e bem-estar. Se a adversidade te persegue, não a aumentes com desespero e não te desanimes. Segue pelo bom caminho, abrigando sempre bons pensamentos, amor e firmeza de fé em ti, na divindade que há em ti. Não importa cair ou fracassar cem vezes, o importante é ficar cada vez em pé imediatamente.

Geralmente os que sofrem mais fracassos, os que sobrevivem ao maior número de adversidade, finalmente se erguem altivos, invencíveis, como gigantes de titânica vontade. Dizem sempre: **"EU SOU", "EU POSSO", "EU QUERO"**.

Cada vez que dizemos: **"EU SOU"**, emitimos um cheque a nosso favor, pagável pelo banco universal. **"EU POSSO"** é a palavra que nos põe em atividade, a caminho, e **"EU QUERO"** é a vontade que dirige tudo. Não são meras mistificações, nem alegorias, no plano mental produz-se uma vibração efetiva e estabelece-se um plano de apoio.

Todos os nossos pensamentos se realizarão, os nossos desejos se cumprirão, sempre que formos capazes de visualizá-los conforme com a nossa capacidade de ver.

Verificar a coisa antes que tome corpo no plano físico, é o que chamamos visualizar. Tudo o que criamos em nós e ao redor de nós, obedece a esta mesma lei; é pensar plasticamente. É a fase do pensamento mais criativo, depois a de sentir na própria consciência a essência do que desejamos.

Há pessoas que desconhecendo estas coisas por completo, rodeiam-se de saúde, de prosperidade e de glória, simplesmente porque, por natureza possui o dom de ver de forma mental, o conjunto da suas aspirações.

Nossa escola insiste com veemência nas instruções aos discípulos, nos livros e conferências públicas, na importância que encerra o ato da visualização plástica.

Porém, muito poucos são os que descobrem essa chave e menos ainda os que a põem em prática.

Há mães e pais que, quando o filho anda pelas ruas, imaginam que vai lhe suceder algum perigo, sem saber que pensando assim, eles estão formando esse perigo e que ninguém mais do que eles são responsáveis pela desgraça que possa sobrevir. A lei é inexorável e responde da mesma maneira, tanto a pensamentos negativos como a construtivos. Devemos, portanto, aproveitar somente seu lado positivo.

O ponto mais importante na visualização plástica é manter na mente, o retrato ou a visão, se assim pode chamar-se, do modo mais claro e detalhado possível, a fim de mantê-lo durante o maior espaço de tempo concebível.

A luz branca é a mais poderosa.

A luz branca somente se pode ver com a visão interna ou psíquica.

A luz é vida.

A luz é criadora e quanto mais elevada seja a criação, mais intensa deve ser a luz.

Os resultados de uma visualização são mais efetivos, se visualizamos o objeto dos nossos desejos em meio a uma luz branca.

A energia criadora é luz.

Com o processo de pensar escapa uma quantidade de energia que é luz e sobre esta luz caminham ou podem caminhar e projetarem-se, pensamentos, guiados por outra faculdade da alma.

A vontade é poder e somente pode aquele que crê no poder.

A luz que emana com nossos pensamentos é a que reflete nosso corpo e que se conhece por aura. Esta aura varia na sua cor, porque seus pensamentos são o que determinam sua coloração, enquanto que nossa consciência ou estado espiritual determina a qualidade dos nossos pensamentos. Podemos dizer então, que nosso grau de consciência ou espiritualidade pode conhecer-se pela cor da nossa aura, assim como nosso estado de ânimo ou nosso estado mental em qualquer momento dado.

A cor mais elevada da aura é o branco, o que indica que se alcançou um grau muito elevado de espiritualidade e que o pensamento, neste estado, é sumamente criador e construtivo. Se há algo dentro da moral mais sã e sempre que não seja em prejuízo de um terceiro, que desejes realizar, algo que creias de forma positiva necessário para ti, que se anteponha a todos os demais neste momento, então, "visualiza-o", olha-o claramente nessa luz branca. Podes fazê-lo no silêncio ou em qualquer momento ou hora em que te venha à mente. Mantenha a visualização tanto tempo quanto puderes; não obstante, quando surja um átomo de temor ou dúvida, deverás então, imediatamente, deixar o assunto e fazer outra coisa. Do contrário, estarás matando com um curto-circuito, a ideia a que queres dar corpo. Se algum órgão ou parte do teu corpo não funciona com normalidade ou está afetado, visualize essa parte ou órgão na luz. Se podes ver sua cor natural, isto indica que o estás vendo na luz. "Visualiza-o" como deveria ser no seu estado normal e são.

A constância na prática da visualização na luz produzirá, de vez em quando, faíscas de luz que verás a olhos abertos, até em plena luz do dia. Reunindo estas faíscas e raios de luz e concentrando-os na parte enferma, logram-se inclusive, curas instantâneas.

Quantos alegam conhecer, estar na luz, ou mesmo querer a luz, sem saber o que isso realmente significa, tomando a palavra como representativa de intelectualidade somente.

O homem é potencialmente a luz do mundo, porque ela que se encontra na consciência ou alma, no próprio ser humano, pode iluminar e esclarecer todos os problemas da sua vida.

Agora entre no silêncio, seguindo o método que conheces, sem esquecer nunca, de repetir várias vezes a afirmação: "*Não há senão uma Mente, uma Lei, um Princípio, uma Substância no Universo. E Eu Sou Uno com tudo o que existe*". Depois desta afirmação pedirás, visualizando o que desejas. Também meditarás nesta luz, para vê-la. Aparecerá como um ou vários pontinhos luminosos aqui e ali. Não faças esforços para vê-la porque não é assim que acontece, apenas mantenha tua mente aberta e receptiva; dessa forma a luz se manifestará ao olho da tua mente.

Mensagem de saúde — O que é a saúde?

A saúde é uma equilibrada e harmoniosa atividade subconsciente no corpo humano. Esta atividade equilibrada por sua vez produz a própria distribuição de força nervosa, ação glandular, circulação perfeita do sangue e uma correta assimilação e eliminação. O resultado é harmonia, paz, bem-estar e força, sinais todos estes de saúde.

A saúde consiste numa harmoniosa e amigável cooperação entre o corpo, a alma e o espírito de uma pessoa e quando estes três se reúnem em perfeita harmonia, o resultado é a saúde.

A saúde é natural.

A enfermidade não é natural.

A saúde para todos é a divina intenção do ser supremo.

O ser supremo jamais nos enferma; nós, seus filhos, jamais deveríamos padecer.

Se obedecermos à lei da natureza, da mente e do espírito, estaremos em harmonia com a lei da saúde e jamais adoeceremos.

As leis da natureza, da mente e do espírito são as leis da realidade do ser e a verdade. *"Conheças a verdade e esta te libertará"*, disse Jesus.

O fato de estarmos enfermos evidencia que violamos alguma lei, porque ignoramos a verdade com respeito à natureza, à mente e ao espírito. Se o agricultor viola a lei com respeito à semeadura do trigo, a natureza não poderá ajudar a produzi-la. Assim, quem viola a lei da saúde, não pode receber saúde. A saúde é firmeza, estar firme na lei da saúde. Violar essa lei é não ser firme: *infirmus* = enfermo. Por conseguinte, a enfermidade e a morte vêm porque violamos a lei. Violar a lei é pecar, cometer um erro. Pecamos mais contra as leis da mente porque são as que mais ignoramos. Conhecendo-as, com elas nos liberamos de todo o mal.

O homem compõe-se de um corpo físico e de um espírito. O corpo físico que é de pó alimenta-se de pó. O espírito não nasce nem morre, é eterno e imperecível; o que está sujeito ao nascimento, à desintegração é a queda física onde aquele se mete. O homem-espírito alimenta-se de pensamentos de verdade, amor e beleza.

Quando predomina o homem-carne, caminhamos até a enfermidade, o sofrimento e a morte; quando predomina o homem espírito caminhamos para uma perfeita juventude e vida eterna. Então, a transição verifica-se sem temor nem sofrimento. Algumas curas metafísicas obtêm-se instantaneamente, como algo milagroso ou sobrenatural. Entretanto, nós não aceitamos o sobrenatural ou milagroso, senão como palavras que representam a operação de uma lei que ignoramos e como manifestação da mais elevada manifestação de uma lei.

Queremos que o leitor medite sobre as palavras: Deus, Vida, Luz, Verdade, Amor, Lei, Princípio, Inteligência e Sabedoria, que possuem o mesmo significado. São como sinônimos. A enfermidade não é real, é uma criação relativa. É um sonho, um estado resultante de uma sugestão de ter fé em algo errôneo e falso. Uma hipnose que se desvanece como fumaça, como uma ilusão, quando aplicamos a luz da verdade.

10ª Lição
Conhecimento da verdade

Os povos de todas as épocas aspiraram ao conhecimento da verdade em relação a Deus e suas leis que governam o Universo e o ser humano. Todas as nações da Terra concederam grande importância a este aspecto e em torno deste, criaram e inventaram religiões com a pretensão de resolvê-lo ao mesmo tempo em que, ao redor de cada uma delas tecia-se um sistema social, dando, como último produto, uma classe determinada de governo. Entretanto, a solução de todos os problemas, sejam religiosos, econômicos ou políticos, é através do conhecimento da verdade metafísica; entenda-se espiritual. Qualquer outro método que se empregue na solução de um problema oferece somente soluções aparentes e envolve subterfúgios.

A verdade espiritual ou metafísica, que é o mesmo, é a verdade com relação às leis do ser. É o fator que determina o que é o homem, seu modo de pensar e seus sentimentos. O que ele é se expressa por sua religião; conforme seja sua crença, assim será sua vida social, será seu governo e o governo que determina em grande parte suas condições econômicas. Tudo depende da maneira pela qual o homem sinta e pense acerca do meio que o rodeia, o que produz ou cria e o ambiente que o envolve. Sentir com a alma é conhecer. O conhecimento é uma sensação anímica. O homem aperfeiçoa-se à medida que vai sendo capaz de conhecer a verdade.

As emoções correspondem-se pelo grau do conhecimento da verdade que uma determinada pessoa possui. As emoções do homem vulgar são mais grosseiras do que as de um avançado no conhecimento da verdade. As moções determinam, em grande parte, as condições do corpo; as emoções e condições do corpo e da mente determinam as circunstâncias e condições da vida.

Teu conhecimento ou consciência da verdade determina tua vida emocional. Se possuíres o conhecimento da verdade em alto grau, desaparecerá da tua vida a sensação de medo, porque esta afirmação te faz sentir e reconhecer que és parte da Inteligência Universal, que és o canal através do qual atua a sabedoria para manifestar-se em tua vida diária. Consequentemente, o conhecimento que tenhas da verdade é o que determina teu estado emotivo e este, por sua vez, determina as condições do teu corpo e do teu ambiente. Depreende-se, pois a importância do conhecimento desta verdade, pois dela depende aperfeiçoamento espiritual e como consequência, também o social e econômico.

Em muitas instituições mede-se o conhecimento da verdade de um indivíduo, ou sua evolução espiritual, pela fidelidade que demonstra nos serviços e demais funções da igreja a que pertence, ou também por sua propensão a ser humanitário. Porém, o fato de servir a sua igreja fielmente ou de realizar qualquer atividade caritativa não significa evolução espiritual.

No primeiro caso, impele-o o seu espírito religioso e no segundo é uma força interna que o leva a socorrer o desvalido. Uma pessoa pode ser membro fiel de uma igreja, dar ao necessitado e não obstante ignora o que é a verdade do ser.

Quando os atos de humanitarismo provêm de uma alma evoluída, ela não deseja que se saiba, pois compreende que o benefício feito a outros é mais útil ao quem o faz, enquanto que o homem comum, quando faz uma obra filantrópica ou caritativa, sente o desejo de que esta seja apregoada aos quatro ventos. Estas irregularidades com o corpo aparentemente real costumam ser aceitas como verdadeiras e passa a tomar parte da vida, do caráter e do ambiente do indivíduo.

O reconhecimento de uma coisa deve fazer-se com alma, pela intuição e não pela mente consciente ou intelecto. A mente consciente engana-se facilmente pelas aparências e ao aceitar uma aparência ou falsidade, passa a ser parte do subconsciente, ao lado de outros erros e verdades.

Tudo isso constitui o caráter do indivíduo, assim pensa, crê, age, sente, e a soma total de todos estes conhecimentos que aceita, alguns falsos e outros verdadeiros, expressa-se no seu modo de sentir.

Devemos **SENTIR**, despertar esse conhecimento de ser Uno com essa Inteligência Universal, com essa Mente Divina e reconhecer que, potencialmente, a Mente Divina é o Bem que atua potencialmente em nossa vida para nosso bem. Pois não reconheceremos, a divindade nos outros, enquanto não a tenhamos reconhecida em nós mesmos. Estes estudos são de grande valor para o despertar de uma consciência espiritual. As afirmações são frases positivas e construtivas. Por exemplo, uma afirmação de saúde pode ser como esta: *"Eu respiro saúde e vida"*, em seguida há que fazer uma respiração e repetir o conjunto sete vezes, todos os dias até melhorar.

A explicação científica é a seguinte: no ar há positivamente vida, em primeiro lugar. Depois a repetição da frase faz com que a mente consciente a envie ao subconsciente, é nisto que reside todo o sentir. Em seguida, a reação do subconsciente produz uma sensação que realmente se sinta uma melhora, além de outras funções fisiológicas que o subconsciente põe em movimento. O resultado é sempre bem benéfico. O mais importante na vida é o sentir. Tu és o que tu sentes. Teu sentir se manifesta no teu corpo, na tua mente, na tua conversação; portanto, se queres prosperar física e economicamente, vigia teu sentir: emoções, sensações, sentimentos e conceitos. Procure viver de acordo com a verdade encerrada nas afirmações. No fim chegarão ao fundo do teu subconsciente e o riquíssimo fruto será teu.

Entre em silêncio e repita várias vezes: *"Não há senão uma Mente..."*

Para continuar, apresento uma lista de afirmações para todos os casos: *"Eu estou bem"*; *"Eu tenho abundância"*; *"Eu estou em paz com todos os homens"*; *"a saúde, o êxito, e a felicidade virão até mim"*.

Mensagem de saúde (Continuação)

Ande, viva, fale e pense diariamente no supremo bem que penetra em nos, assim todo pecado, sofrimentos e misérias desaparecerão. A dúvida, a preocupação e o temor são a origem de todo mal. Destruindo-os, arrancando-os do teu ser, para que reine somente o supremo bem em ti. Necessitamos ver-nos como Deus nos vê: espíritos nobres, esplêndidos, magníficos, criados a sua imagem e semelhança.

Jesus foi o homem mais natural (não pervertido) que o mundo conheceu. Foi por isso também, o mais poderoso, formoso, sublime e excelso.

Ele é nosso Irmão Maior.

Ele nos ensina o caminho, é nosso modelo ideal de grandeza e magnificência e apenas poderemos acercar-nos Dele mediante um CORRETO PENSAR, um CORRETO VIVER e um CORRETO PROCEDER.

11ª Lição
Deus

A mais importante pergunta que o homem se fez a si mesmo em todos os tempos e em todas as épocas é: Quem é Deus? Como Ele é? O que Ele é?

Uma resposta importante que podemos dar à primeira pergunta é que o homem sabe, sente e conhece o que é Deus de acordo e na proporção em que venha a desenvolvendo-se sua inteligência e sua expressão intelectual. O conceito de Deus amplia-se e adquire um aspecto grandioso, de acordo com o desenvolvimento da suas faculdades anímicas. Perante a impossibilidade do homem, que é a parte de conhecer o todo, (Deus) somente na medida em que se conecta com o todo. Ocorre que o conceito de Deus varia em cada homem, de acordo com seu desenvolvimento espiritual ou intelectual, que são os meios para reconhecer sua própria essência. A essência que está em sua totalidade, encontra-se também em uma parte do todo, porque a essência é indivisível.

A segunda pergunta pode encontrar resposta, até certo ponto, nas condições da primeira, mas é estranho investigar a criação para revelar seus segredos.

Em todos os tempos existiram almas corajosas que expuseram suas próprias vidas nas investigações da natureza, ainda que nestas investigações ou explorações do desconhecido não tiveram muito interesse na Verdade Una que é Deus. Estes progressos que nos aproximam cada vez mais da Fonte Divina são devidos a muitos homens e mulheres que, discordantes ou insatisfeitos com a marcha lenta das massas e com seu modo de pensar, lançaram-se ao desconhecido e abriram novos caminhos que, mais curtos, oferecem mais fácil travessia aos espíritos mais livres que imediatamente os adotem. Deste modo é feita nossa civilização, destes predestinados que nascem com a interrogação nos lábios, que não acatam a infalibilidade dogmática e investigam o porquê das proposições ou artigos de fé.

Quando Cristóvão Colombo atravessou a imensidão do oceano, seguindo uma nova rota, era imposto pela Igreja, que a Terra era plana. Colombo, além de derrubar esta crença errônea, descobriu um novo mundo. Isto se repete todas as vezes que o homem caminha até o desconhecido e ao avançar, alcança uma infinidade de elementos preciosos, procedentes da sua heroica façanha. Contudo, o descobrimento dos mistérios não está circunscrito à Terra exclusivamente, o homem, em seus arranques mentais revela sublimidade que escapa aos mais imaginários contos de fadas. Projetando sua mente até Marte, descobre uma atmosfera que o rodeia registra quatro estações do ano como na terra.

Estes homens e estas mulheres que investigam este e outros mundos, estas e outras condições do ser, o invisível e o visível, são, sim, os que nos aproximaram de Deus. E não os que vivem para dirigir súplicas e falar de um mundo ou de uma vida futura, que nunca investigaram e são, justamente, os que mais se opõem a essas investigações.

Em todas as épocas, as almas que se fizeram merecedoras da inspiração divina, perceberam a verdade tal como é, porque a verdade é imutável. Ainda hoje existem almas que gozam da percepção da verdade, da mesma forma como foi ela concedida a Moisés, Confúcio, Jesus, Paulo, João, Sócrates, Plotino, Pitágoras e Platão. Estas almas existiram e existirão sempre.

Suas ideias foram adaptadas à mentalidade geral de cada época, porque o melhor conceito que se pode ter das coisas divinas, em qualquer época, depende do desenvolvimento da generalidade ou da evolução espiritual desse tempo.

Os ensinamentos estão adequados a uma época ou grau de evolução, porque o progresso material e espiritual que propagam tais ensinamentos em determinada época, não é progresso aceito por outra época mais avançada. Na medida em que se avança devem ir reformando-se as roupas, os atavios (doutrinas) com os que se adornam num princípio.

O homem desenvolve-se, aperfeiçoa-se física, mental e espiritualmente. Um eclesiástico, que há dois mil anos aconselhava os pobres de espírito e teimosos que se satisfizeram com a evolução espiritual resultante de uma atitude passiva e gozaram de todas as coisas e bens que Deus lhes dava, pode ser adotado em todas as épocas, por aqueles que estejam nestas condições, ainda que não aceitem os que queiram seguir a doutrina de Jesus, quando disse: *"O homem que queira fazer sua vontade conhecerá a doutrina se vier a Deus."* Seja esta frase pronunciada pela boca de João, Pitágoras ou Platão. Todas as religiões possuem um sistema mais ou menos mitológico. Um estudo imparcial de todas elas revela uma semelhança muito notável na sua origem. Isto se explica pelo fato de que a imaginação e o profundo sentir espiritual são fatores principais em todos os ensinamentos religiosos. Produz mais benefícios um apego às emoções do que ao intelecto, ainda que muitos dos fundadores de religiões tenham sido homens de grande intelectualidade e conhecimento. Por outro lado, a ciência busca a causa de todos os fenômenos, não se deixa levar pelas crenças e procura investigar as bases das suas proposições. Não devemos crer senão naquilo que esteja demonstrado de modo pleno, enquanto que os resultados obtidos não contradigam seu acerto.

No seu afã em busca das causas, a ciência faz grandes descobertas e invenções e em muitos casos não pode explicar seus princípios, nem os compreende completamente. Da mesma forma o cientista ignora de onde lhe vem o conhecimento. Dá crédito a que ele seja uma simples função do intelecto, o que até certo ponto é exato; no entanto, ao dispor-se a investigar seu pensamento, descobrirá que ao chegar a certo ponto seu intelecto não pode ir mais longe, já não pode raciocinar bem. Não obstante, mais tarde, num abrir e cerrar de olhos obtém a resposta ou a solução que pretendia alcançar com a sua razão.

O cientista não crê na inspiração ou na intuição, prefere atribuí-la de forma exlcusiva ao cérebro. A ciência e a religião criaram um abismo infranqueável entre si, que apenas serve para entorpecer o progresso. Isso se vem conciliando de forma latente agora que a ciência pode explicar alguns assuntos com a religião. À ciência só lhe resta aceitar a vitalidade que pode lhe dar a religião a seus pontos mortos e fazê-los vibrar com vida. É verdade que não se pode encontrar Deus quando se estuda o Universo. O único lugar em que o homem pode encontrar e compreender a vontade de Deus é em seu próprio interior. Porém, não quer dizer que o intelecto, que é perecível, não represente um papel importante.

Teus esforços intelectuais para buscar Deus e compreender sua vontade abrirão um caminho para encontrá-lo no teu interior, eliminando todos os obstáculos, mas não te limites apenas ao intelecto porque ele é a mente consciente.

O intelecto ou mente consciente não pode perceber Deus. É na mente subconsciente, que tem sua base no sistema nervoso do grande simpático com seu centro no plexo solar, onde o homem pode conhecer a Deus. E é o único lugar, porque é a única região em que o homem pode atuar no reino dos sentidos. O homem, porém, estará tão longe deste reino como o intelectual, se o busca como emoções e sentimentos, prescindindo da lógica, da razão, da ciência e de tudo o que lhe facilite o caminhar. Em outras palavras, aquele que investiga o reino de Deus somente com sua natureza emocional ou faculdade de sentir perde-se no caminho. O mesmo acontece com quem apenas utiliza-se do intelecto. É preciso, portanto, conciliar esta natureza religiosa, espiritual, a mente subconsciente, com essa outra natureza científica, investigadora, a mente consciente e assim nos elevaremos a esse reino do Céu que não está fora, senão dentro de nós mesmos. Alcançar este conhecimento é o que se chama alegoricamente "viver temente a Deus". Aceitar esta condição indispensável cria-se a possibilidade de entrar no terreno da magia, quer dizer, a ciência das ciências, sem o menor perigo de retrocesso espiritual.

Com essa preparação, o neófito ou estudante é dirigido pelos Mestres, que chamamos iniciados; começam então a revelar-se diante dele grandes, sublimes e portentosos panoramas de um novo mundo e adquire poderes admiráveis. Porém, o inconsciente, que pisou no terreno da magia está sujeito a converter-se em Simão, o Mágico, não o mago, como erroneamente o denominam.

O discípulo preparado no temor de Deus converte-se em mago, o inconsciente em mágico. Entretanto, como já dissemos, estes estudos não são mais do que preparatórios.

Se atenuarmos diariamente essa tensa condição, a que nos arrasta à luta pela vida, iremos pouco a pouco conhecer o imenso amor de Deus. Isto se consegue com a prática do **SILÊNCIO**. Faça, por isso, esse exercício diariamente.

Magia Zodiacal.

Signo de Áries

Nº 1.
SÍMBOLO: ♈
REGENTE: Marte
TRIPLICIDADE: Fogo
CRUZ: Cardeal
SETOR DO CORPO QUE REGE: A cabeça
ANJO: Samuel
COR: Vermelha
PEDRA: Ametista
METAL: Ferro
PLANTA: Pinheiro
DIA: Terça-feira
ANIMAL: Carneiro

EFEITOS PATOLÓGICOS: Afecções que repercutem na cabeça, dores, nevralgias, coma, estados de transe e afecções cerebrais.

CARÁTER: Eu Sou.

Meditação.

No princípio foi a vida, que se criou a si mesma. A vida foi a luz que brotou do fogo primordial. Ao se separarem as partículas deste fogo formaram-se a luz e a vida ao mesmo tempo.

Nossa vida faz-nos conhecer que não somos tão somente um animal superior cujo objetivo exclusivo é comer, transitar pelo mundo, procriar e fazer coisas para o nosso bem-estar. Devemos entender que somos anjos, deuses encarcerados e submetidos no fundo de um claustro. E o objetivo da nossa vida é liberar-nos dessas correntes e conseguir o despertar em nós de todas as potencialidades que encerramos.

Somos uma dualidade de alma e corpo e com conhecimento que é na alma onde residirá nossa atuação, há de se buscar o ponto de contato entre ambos, que encontramos no sistema nervoso do grande simpático. Temos uma vontade subconsciente e uma consciente e devemos construir ponte para que ambas se conectem. Temos, pois, que fazer que todo o inconsciente em nós torne-se consciente, pois se nossa vida pessoal e nosso subconsciente constituem parte de uma vida e um subconsciente cósmico, também nossa consciência é parte de uma consciência cósmica.

Prática.

Faça sete respirações profundas para que entrem a vida e a luz e nos carregue como um acumulador. A seguir, levante o braço esquerdo para a mulher e o direito para o homem. Movimente a cabeça sete vezes para frente, sete vezes para trás, sete vezes para a direita, sete, para a esquerda. Mais sete vezes gire a cabeça de um lado para o outro. Esta prática deve ser feita com a intenção de que a luz atue primeiramente sobre a cabeça, a região de Áries, fazendo logo uma concentração da mente sobre a frente, pensando que ali existe uma glândula que é toda luz.

Continue, dirigindo a atenção da mente sobre os olhos, o nariz, a boca e os ouvidos.

Signo de Touro

N°. 2.
SÍMBOLO: ♉
REGENTE: Vênus
TRIPLICIDADE: Terra
SETOR DO CORPO QUE REGE: Pescoço
ANJO: Amael
COR: Verde
PEDRA: Ágata, esmeralda
METAL: Cobre
PLANTA: Ameixeira
DIA: Sexta-feira.
ANIMAL: Pomba

EFEITOS PATOLÓGICOS: Parotidites, difteria laríngea, outras afecções de pescoço e laringe. As afecções de Touro podem também originar reações sobre seu oposto, Escorpião, produzindo enfermidades venéreas e alterações da menstruação.

CARÁTER: Eu tenho.

Meditação

A manutenção perfeita da nossa garganta permite a existência da voz e em consequência, a comunicação por meio da palavra falada. O que se há de compreender primeiramente é que a respiração e o ar que recebemos por meio dela são a alavanca que move todo o nosso ser. Respiramos inconsciente e conscientemente. Por meio do processo involuntário da nossa respiração nasce a palavra e por meio da respiração consciente preparamos a terra de Touro para que frutifiquem as faculdades que esta região encerra.

No pescoço temos uma cartilagem que é com frequência denominada "noz ou maçã de Adão", indicando que ali reside o poder da semente.

Prática.

Diga: "Ah-ah-ah-ah-ah-ah-ah" e inspire de forma breve e pense: VENHA A LUZ DE FORA DO COSMOS E UNI COM A QUE POSSUÍMOS NO CÉREBRO VÁ AO PESCOÇO E LOGO COM A U-U-U-U-U-U-U SAIAM PELA LUZ QUE PURIFICA QUEIMANDO. Encerrar a prática com "m-m-m-m-m-m-m" e pense no mantra amém: Assim seja.

Repetir esta prática sete vezes.

Signo de Gêmeos

Nº 3
SÍMBOLO: ♊
REGENTE: Mercúrio
TRIPLICIDADE: Ar
SETOR DO CORPO QUE REGE: Ombros, braços, mãos e pulmões.
ANJO: Rafael
COR: Multicor
PEDRA: Berilo, safira branca
METAL: Azougue
PLANTA: Artemísia
DIA: Quarta-feira
ANIMAL: Macaco, toupeira e galo

EFEITOS PATOLÓGICOS: Pulmões, pleurisia, bronquite, asma e inflamações do pericárdio.

CARÁTER: Eu penso.

Meditação.

Mercúrio é o planeta regente de gêmeos, é o espírito que baixa dos céus, é a faísca de luz que surge da substância criadora para iluminar a Terra. Pode dizer que representando o homem como um cidadão gigante do mundo, sua cabeça é o céu, seu pescoço é o espaço infinito e de repente, baixando por este céu, por este espaço, encontramo-nos diante da porta da nossa própria Terra, do nosso mundo interno, nossa comarca que dormita sob a pressão do éter viciado que a rodeia. Assim, pois, a luz que trazemos se obscurece ao passar pelo conduto de Vênus, que é o pescoço; mas esta mesma luz batalha para abrir-se a passagem até as profundidades do nosso mundo interno e "algo" sublime nascerá dentro de nós mesmos com esta luta e nos fará encontrar nossa cidadania universal de habitantes do cosmos.

Prática

O discípulo deve fixar-se durante estas práticas de gêmeos, em seus próprios sonhos. Todos os sonhos possuem um valor simbólico e os Mestres observam o discípulo enquanto perdurem. Geralmente sonhamos com aquilo que pensamos mais intensamente ao dormir e é esta a causa que durante esta prática o discípulo deve dormir depois de haver concentrado sua mente em algo que se relacione com nossos estudos. Por exemplo, com um afã de ver nosso Templo, de pensar num Mestre, ou numa árvore, a árvore da vida, etc. Enfim, qualquer concentração ou exercício de imaginação: faça cinco respirações, abra os braços e as pernas e expulse rapidamente o ar pela boca e feche as pernas e os braços.

Estas práticas podem fazer-se no leito ou comodamente sentados.

Signo de Câncer

Nº 4
SÍMBOLO: ♋
REGENTE: Lua
TRIPLICIDADE: Água
SETOR DO CORPO: estômago, zona direita do fígado, baço, pâncreas e glândula timo.
ANJO: Gabriel
COR: Branca
PEDRA: Pérola e pérola lunar
METAL: Prata
PLANTA: Cerejeira
DIA: Segunda-feira
ANIMAL: Cão, íbis

EFEITOS PATOLÓGICOS: Indigestões, depressão, hipocondria, histerismo, cálculo de vesícula, icterícia.

CARÁTER: Eu sinto.

Meditação.

Ao entrar a força cósmica nos domínios de Câncer, prepare o caminho para a atividade espiritual solar e devemos diferenciar duas correntes neste ponto: a que vem da Terra, de baixo e a que vem de cima, do Cosmos.

O fígado, o pâncreas e o baço cumprem seu trabalho na esfera de Câncer, projetando seus efeitos no plexo solar. O plexo solar é assim chamado porque recebe as radiações do Logos do nosso sistema: o coração e as forças solares que vem de baixo. Prática.

1. Geralmente continuamos nos sonhos o que nos preocupou antes de dormirmos. Aproveitemos, pois, esta circuns-

tância e pensemos antes de adormecemos na descida das forças cósmicas desde cima, em forma de triângulo com o vértice para baixo e subindo da Terra outro triângulo com a ponta para cima, formando-se o selo de Salomão ou o signo mexicano de Olim; quando essa estrela está bem formada, é possível vê-la desintegrar-se em luz que entra em nosso corpo. Com este exercício sentimo-nos inspirados para o dia seguinte.

2. Necessitamos ativar algo da circulação sanguínea e por isso nos molhamos o peito com água fria ao levantar pela manhã ou ao despertar.

Signo de Leão

Nº. 5
SÍMBOLO: ♌
REGENTE: Sol
TRIPLICIDADE: Fogo
SETOR DO CORPO QUE REGE: Coração
ANJO: Arcanjo Miguel
COR: Alaranjado
PEDRA: Rubi
METAL: Ouro
PLANTA: Oliveira
DIA: Domingo
ANIMAL: Cervo e águia

EFEITOS PATOLÓGICOS: Regurgitação, palpitações, síncope, aneurismas, meningite, transtornos da coluna, arteriosclerose e angina de peito, anemia.

CARÁTER: Eu faço

Meditação.

Neste signo encontra-se o Sol no seu centro, projetando sua influência com todo vigor. Quando a força cósmica chega em Leão, a obra magna realiza-se, pois ali se efetua a combustão astral; e a partir dele para baixo, vem o labor de desfazer o inútil, limpando tudo e eliminando as escórias.

O Sol traz-nos agora, a intuição, que é a única que nos pode indicar o verdadeiro caminho do bem.

Prática.

Sobre o coração não se pode agir com exercícios de ginástica, somente a prece e a respiração. Pelas manhãs, procure tapar a fossa nasal esquerda com o dedo indicador da mão direita e enchendo o peito de ar. Há de ter cuidado para que este ar não vá ao pulmão, senão que temos de enviá-lo mentalmente ao coração para que ali atue na transformação, a combustão espiritual que fisicamente se realiza no sangue dos pulmões. Tapamos a fossa nasal direita com o polegar da mão direita, para manter a respiração, enquanto pensamos: "DEUS MEU, MOSTRA-NOS O TEU ROSTO E SEREMOS SALVOS. O ROSTO DE DEUS É O SOL ESPIRITUAL E SUA FORÇA É A ÚNICA QUE PODE SALVAR-NOS DOS OBSTÁCULOS PARA DAR-NOS A INICIAÇÃO." Logo se solta o indicador para expirar o ar pela fossa esquerda e recomeça-se até realizar três, cinco ou sete vezes.

Signo de Virgem.

Nº 6
SÍMBOLO: ♍
REGENTE: Mercúrio
TRIPLICIDADE: Terra
SETOR DO CORPO QUE REGE: O ventre, parte esquerda do fígado, baço, sistema do grande simpático, ilhotas de Langerhans no pâncreas, intestinos e suprarrenais.
ANJO: Rafael
COR: Multicor
PEDRA: Jaspe e safira amarela
METAL: Azougue
PLANTA: Artemísia
DIA: Quarta-feira
ANIMAL: Pardal

EFEITOS PATOLÓGICOS: Peritonite, tênia, desnutrição, restrição na absorção do quilo, febres tifoides, cólera e apendicite.

CARÁTER: Eu analiso.

Meditação

Em cada ser fluem duas correntes opostas: uma procede de cima, do Céu, dos planos superiores e invisíveis; a outra, de baixo, da Terra, do físico. Destas duas correntes mesclam-se dentro do homem.

A primeira destas correntes vem de cima, entra pela cabeça (Áries); a outra ascende desde a base da coluna. Estas duas correntes estão representadas na simbologia esotérica pelo compasso e pelo esquadro. O compasso simboliza a primeira e o esquadro, a segunda. Quando ambas se encontram equilibradas, estampa-se no seu centro, a letra G, símbolo divino do equilíbrio e da geração. Este G somente aparece quando o compasso está sobre o esquadro, ou seja, no momento que a força espiritual rege a matéria e a geração é feita com uma função espiritual, enquanto seja a geração somente material.

O signo de Virgem prepara-se para a vida. A corrente terrestre recebe toda a preparação no ventre.

A corrente que vem de baixo, desde a Terra, não pode chegar bruscamente ao órgão regenerador; purificador e transformador do coração e necessita forçosamente essa preparação no ventre, sob o signo de Virgem, recebendo os hormônios das glândulas suprarrenais que são as que a detêm e suspendem no momento para saturá-la.

Prática.

As práticas do ventre consistem em dar pequenos saltos com a musculatura deste órgão enquanto estamos deitados ou sentados e podem ser feitos tanto pela manhã como à noite, uma vez já deitados na cama. Fazer pular o ventre 33 vezes, impulsionando-o, com a intenção de que dentro dele se movam ou se agitam as glândulas suprarrenais.

Signo de Libra

Nº. 7
SÍMBOLO: ♎
REGENTE: Vênus
TRIPLICIDADE: Ar
SETOR DO CORPO QUE REGE: Primários: rins. Secundários: bexiga, sistema vasomotor, plexos e pele.
Líquidos densos: bílis, muco, saliva, urina, órgãos sexuais, rins e ureter.
ANJO: Amael
COR: Verde
PEDRA: Diamante, esmeralda
METAL: Cobre
PLANTA: Ameixeira
DIA: Sexta-feira
ANIMAL: Burro, ganso
EFEITOS PATOLÓGICOS: supressão da urina, inflamação do ureter, eczema e outras enfermidades da pele.
CARÁTER: Eu equilibro.

Meditação

Em Libra, o Sol entra nos signos do sul; aqui o logos agoniza até que chegue outra vez o maravilhoso momento do seu nascimento. Libra é o grande equilibrista, é a balança. Pesa as substâncias que se pretendem elaborar em primeiro termo e mede logo os órgãos receptores das escórias e desfeitos cuja operação verifica-se na metade do corpo, na cintura. Libra é o grande preparador, o agente que mede as coisas que hão de penetrar no corpo. Libra é a lei que põe ponto final a tudo.

Prática.

Ao levantar-se cedo beba um copo de água que o discípulo tem que abençoar previamente. Procure não ingeri-la até terminar uma oração que invoque as forças divinas para que elas atuem como purificadoras. Em seguida, pratique a seguinte ginástica: estendem-se primeiro os braços como em balanço da direita à esquerda. Uma vez nesta posição faz-se descer o braço direito ao longo do corpo, dobrando este e levantando o braço esquerdo. Depois se faz a mesma operação com o braço esquerdo, arqueando o corpo até o dito lado e levantando o braço direito. Esta operação ou movimentos de balança há que se repetirem várias vezes (7) alternativamente de cada lado, quer dizer 14 vezes no total.

Signo do Escorpião

Nº. 8
SÍMBOLO: ♏
REGENTE: Plutão
TRIPLICIDADE: Água
SETOR DO CORPO QUE REGE: Órgãos genitais
ANJO: Samuel
COR: Vermelho
PEDRA: Topázio
METAL: Ferro
PLANTA: Pinheiro
DIA: Terça-feira
ANIMAL: Pássaro carpinteiro, lobo

EFEITOS PATOLÓGICOS: Catarro nasal, adenoides, pólipos, enfermidades de útero e ovários, enfermidades venéreas, estreiteza e dilatação da próstata, menstruação irregular, pedras e cálculos renais.

CARÁTER: Eu desejo.

Meditação.

Nas antigas iniciações chamavam o Escorpião de o grande fecundador. É bom recordar que Leão representa o espírito da natureza na sua condição masculina e Escorpião, a água, substância da natureza em seu aspecto feminino.

Prática

Durante o mês de Escorpião repetiremos a seguinte AFIRMAÇÃO: *"Eu sublimarei os fogos animais dentro de mim e os transmudarei no fogo Divino que tudo consome sobre o Altar do meu Templo interior."*
DISCIPLINA.
CONCENTRAR-SE na energia poderosa que emana do setor que rege Escorpião.

MEDITAR que é a presença do Espírito Divino, o Espírito Santo em nós.

TRANSMUDAR mediante a vocalização "AUM" da seguinte forma:

A: órgãos sexuais.

U: plexo solar.

M: coração.

Signo de Sagitário

N°. 9
SÍMBOLO: ♐
REGENTE: Júpiter
TRIPLICIDADE: Fogo
SETOR DO CORPO QUE REGE: Músculos, cintura. Atua nos pulmões e nos antebraços.
ANJO: Zacariel
COR: Azul
PEDRA: Safira azul
METAL: Estanho
PLANTA: Carvalho
DIA: Quinta-feira.
ANIMAL: Cervo e corvo.

EFEITOS PATOLÓGICOS: Ataxia locomotora, reumatismo, enfermidades dos quadris. Pela posição de signo, Sagitário pode sofrer afecções pulmonares. A rotura de ossos está produzida por este signo.

CARÁTER: Eu vejo.

Meditação.

O centauro Sagitário era pintado com uma face dupla: uma olha para diante e outra para trás, o que nos diz que as pessoas que fazem os exercícios de Sagitário aprenderam a ver os anais dos astros, aquilo que é o passado. Ninguém torna-se clarividente, senão lutando e permitindo que o magnetismo superior se misture harmoniosamente com o magnetismo inferior ou da terra, feito que acontece, como se disse, nos músculos. O discípulo deve ser de modo profético intuitivo, o que se consegue, se passou por todas as práticas.

Prática.

Em posição inclinada, de cócoras, pois seu culto solar exige-lhes que recebam as influências do astro rei. Também trabalha-se com os joelhos levantados, afim de entremesclarem as corrente lunares com as do Sol. Imitar a posição das Huascas peruanas, levantando o dedo indicador de ambas as mãos durante cinco ou dez minutos, conforme o tempo disponível, pronunciando longamente a vogal *i*, cuja vocalização deve terminar em *s*, à altura dos ombros, pois é IS, o Mantra que corresponde a esta prática; mantenha a mente absorta e pendente do desejo de adquirir as forças de Sagitário na região dos músculos.

Signo de Capricórnio

Nº.10.

SÍMBOLO: ♑
REGENTE: Saturno
TRIPLICIDADE: Terra
SETOR DO CORPO QUE REGE: Os joelhos, o esqueleto, o ouvido e secundariamente, o estômago e os seios.
ANJO: Orifiel
COR: Negra
PEDRA: Ônix
METAL: Chumbo
PLANTA: Salgueiro
DIA: Sábado
ANIMAL: Garça real

EFEITOS PATOLÓGICOS: Eczemas e outras enfermidades da pele, erisipela, lepra, transtornos digestivos.

CARÁTER: Eu uso.

Meditação.

Saturno em Capricórnio é o planeta da redenção e é também o gênio da morte que dá vida, como numa ressurreição misteriosa. Se não passassem nossas correntes terrestres por esses acumuladores sinoviais, seus efeitos não seriam duradouros. Estas correntes passam desde os joelhos por todos os ossos, para ser mais específico, pela medula de todos eles, invadindo-os de energias magnéticas.

Prática

Os exercícios de Capricórnio fazem-se com os movimentos dos joelhos à direita, concentrando a mente nesta região. Serão 33 movimentos em conjunto e a seguir sete vezes mais, com o joelho direito. Quem conhece o simbolismo Maçônico, pode fazer a marcha que faz o Mestre ao entrar na oficina.

Signo de Aquário

Nº.11.
SÍMBOLO: ♒
REGENTE: Urano
TRIPLICIDADE: Ar
SETOR DO CORPO QUE REGE: panturrilhas. Age sobre a expulsão do carbono do organismo e do sangue. Sistema nervoso. Afecções cardíacas e enfermidades dos olhos.
ANJO: Orifiel
COR: Cinza
PEDRA: Ônix
METAL: Urânio
PLANTA: Salgueiro
DIA: Sábado
ANIMAL: Cordeiro

EFEITOS PATOLÓGICOS: Varizes, deslocamento dos tornozelos, irregularidades da função cardíaca e hidropisia.

CARÁTER: Eu sei.

Meditação

Na panturrilha encontra-se o lugar onde se efetua o metabolismo da perna em sentido magnético. A saída das forças poderosas que se desenvolvem nas pernas devem ser guiadas pelas panturrilhas sob a corrente que parte dos pés e começa sua trajetória pelas panturrilhas e mentalmente devemos abrir-lhes a passagem.

Prática

Massagear todas as noites, ao se deitar, panturrilhas de baixo para cima e ao mesmo tempo pensar de modo consciente e com força mental nas seguintes frases: *"Força passa; força passa, penetra em todo o meu organismo. Corrente de baixo ascende para encontrar a tua irmã, a que vem do céu, de Urano. Eu, Saturno, sou teu receptor no microcosmo para redimir a humanidade e para redimir-me a mim, pessoalmente que tendo a subir a Deus, buscando minha própria perfeição. Assim seja".*

Signo de Peixes

Nº. 12
SÍMBOLO: ♓
REGENTE: Netuno
TRIPLICIDADE: Água
SETOR DO CORPO QUE REGE: Os pés.
ANJO: Zacariel
COR: Azul claro
PEDRA: Turquesa
METAL: Estanho
PLANTA: Carvalho
DIA: Quinta-feira.
ANIMAL: Cavalo e cisne
EFEITOS PATOLÓGICOS: Coma, catalepsia, transe.
CARÁTER: Eu creio.

Meditação

O Eu, Verbo Cósmico, reside na cabeça e pronuncia-se utilizando a garganta. Entretanto, o verbo, o logos da Terra, reside nos pés, portanto é necessário enviar a voz aos pés para sentir neles a vibração; isto é falar com os pés.

Jeová representa na sua essência as cinco vogais: I E O U A, nelas reside toda a força oculta que ressoa harmoniosamente na Terra e que estaria também em nosso organismo, se houvéssemos permanecido em estado primitivo paradisíaco. Caímos e perdemos nossa pureza; perdemos também esta faculdade que é preciso recuperar para alcançar o poder dos homens-anjos primitivos, cuja chave radica em Piscis. Portanto é sumamente importante, ter um bom entendimento da vocalização, porque é a chave para fazer falar a nosso microcosmo, desde o céu, em Áries, até a Terra em Peixes.

Prática

O discípulo senta-se comodamente e depois de fazer uma oração mental tem que levar as vogais aos pés, ou seja, pensar e pronunciar a vogal i vibrando-a. Procure levar mentalmente esta vibração para baixo, até os joelhos e os pés, sua pronuncia e assim continuar devagar com as demais vogais E O U A.

Cada vez que estiver com tempo livre, andando ou sentados, faça mentalmente este exercício, pois ele irá lhe proporcionar um imenso bem. Aqui radica o segredo dos segredos, e com ele o verdadeiro caminho, o mais reto e seguro para cima que tem percorrido todos os iniciados. Sem ele, não há iniciação possível.

Magia Rúnica

Aqueles que obtiveram bons resultados no curso anterior podem seguir o segundo curso que possui o segredo das 18 Runas que unidas aos 12 signos do zodíaco, o que perfazem 30º graus do caminho iniciático. A primeira criação do Verbo Divino foi a Luz, por isso a linguagem pode ser chamada de Luz, sobretudo quando se trata das letras dos alfabetos sagrados e entre eles, encontra-se o alfabeto rúnico, chamado simplesmente Runas. Estas Runas são, pois, Luz e podemos fazê-las visíveis por meio da magia rúnica. A seguir vamos apresentar cada letra com seu valor numérico: ver tabela de letras na página seguinte.

1. Fehu - F - Topázio, safira
2. Uruz - U - Jaspe, carneol
3. Thor.D. Crisólita, jacinto.

4. Os O. Topázio.
5. Rita. R. Lápis-lazúli.
6. Kaun K. Crisólito, ágata.
7. Hagal H. Safira azul.
8. Not. N. Ônix, ametista.
9. Is I. Safira azul.
10. ☉ Ar. A. Âmbar.
11. Sig S. Jaspe, ametista.
12. Tyr. T. Crisólita.
13. Bar.B. berilo.
14. Laf. L. Topázio.
15. Man M. esmeralda.
16. Yr Y. Sanguinária.
17. Eh. E. Turquesa.
18. Gibur. G. Opala.

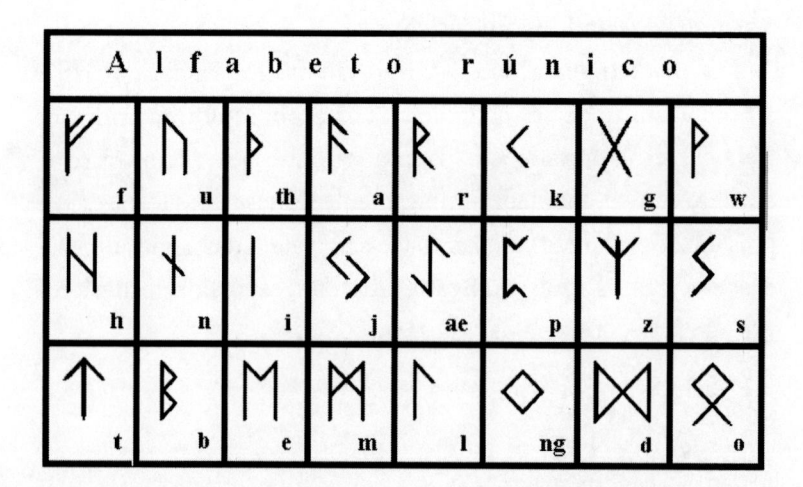

A	l	f	a	b	e	t	o	r	ú	n	i	c	o
f		u		th		a		r		k		g	w
h		n		i		j		ae		p		z	s
t		b		e		m		l		ng		d	o

Runa: FEHU

NÚMERO: 1
PEDRA: Topázio, safira
COR: Violeta, amarelo
LETRA: F
SIMBOLISMO: Vontade, destino guia.

Meditação

O objetivo do exercício desta Runa é o Despertar. Há de se levar em conta que FA é a Runa da Luz; é a que encerra em si a substância crística que inunda o discípulo de força solar. As Runas nos ensinam que o trabalho é uma alegria, um prazer e que este transmutam as forças solares em nós. Só o que em sua mente assimila este princípio, poderá tirar proveito desta Runa. FA encerra a chave do bem-estar mediante o trabalho. FA conclui em si toda a força, a energia da fecundação no sentido absoluto da palavra.

Prática

Sentindo-se unido ao Cosmos infinito, ao Grande Todo, de pé, com o corpo erguido, a mão direita na altura do pescoço e a esquerda na altura da testa, pronuncie: *FA, FE, FI, FO, FU*. Em primeiro momento, três vezes de modo muito curto e a seguir, mais três vezes, mas de forma mais lenta, para terminar com um FA muito longo. Recomenda-se ir, à noite a um lugar afastado e olhar o céu estrelado, elevar os braços na posição da Runa e exclamar a invocação seguinte: FORÇA UNIVERSAL, PODEROSA DEIDADE, TU QUE ACENDES A LUZ DIVINA E A IRRADIAS POR TODO O COSMOS, DEIXA QUE TEU FOGO SAGRADO SE INFLAME E ARDA EM MIM, PARA

QUE EU POSSA TRANSMITIR ESSA LUZ A TODOS AQUE-
LES DOS MEUS SEMELHANTES QUE ESTÃO PRÓXIMOS.

Diga a seguir as sílabas FA, FE, FI, FO, FU na forma dada.

Runa: URUZ

NÚMERO: 2
PEDRA: Jaspe e carneol
COR: Violeta escuro
LETRA: U
SIMBOLISMO: Ciência, compreensão.

Meditação

Esta Runa tem como finalidade liberar a Luz que entrou em nosso corpo com a Runa FA. A Runa UR leva o mandamento de "Conhece-te a ti mesmo". Ao dobrar nosso corpo e levar as mãos a polarizarem-se com o solo, reconhecemos que somos cósmico-terrestres em nossa constituição física e divina de origem. Além do que a coluna vertebral perde sua rigidez nesta posição, detalhe que manifesta quando o homem encontra-se em repouso. É uma Deidade que procura realizar-se nos materiais que tem em mãos.

A posição do corpo nesta Runa se faz do seguinte modo:

1. Abra as pernas em forma da letra A
2. Estire os braços até tocá-los no chão como o corpo fosse um U invertido.
3. Vista de frente, a figura bem poderia ser um M.

Trata-se do AUM, que é uma runa ainda que não se pronuncia, apenas apresenta-se no o corpo.

Prática

O estudante precisa se colocar de frente para o Norte ou frente para o Sul e uma vez as mãos estejam levantadas, como no exercício anterior, incline-se para frente, levando as mãos frente ao solo e as pernas abertas.

Nesta posição, pense com firmeza que a corrente cósmica penetra em nosso interior. Repita a seguinte invocação: EM MIM RESIDE A LUZ, A LUZ DIVINA. O GRANDE ONISCIENTE ME DARÁ SABEDORIA DIVINA E EU ME CONVERTEREI NUM SUPER-HOMEM POR MEU RETO PROCEDER, POR MINHA FORMA DE SER EQUÂNIME. RECONHEÇO EM MIM ESSA LUZ DIVINA QUE COMEÇA A IRRADIAR E QUE AJUDARÁ INFALIVELMENTE A TODOS OS QUE DE MIM SE ACERQUEM. Assim seja.

Runa: THOR ou DORN

NÚMERO: 3
PEDRA: Crisólita, jacinto
COR: Amarelo, azul, verde claro
LETRA: D
SIMBOLISMO: Ação, lograr.

Meditação

As Runas são uma expressão primitiva do homem, que com seu corpo compôs o grande alfabeto da natureza. Por isso, Runa significa "homem iniciado".

Nesta Runa começa-se a trabalhar com o lado esquerdo do corpo, o da personalidade, o lunar. É o ego físico expressando um sentimento diante deste processo de trabalho.

Com o braço esquerdo, em forma de jarra, toque a mão na cintura, ponto onde se divide o setor celestial com o terrestre, tomando o homem em sentido vertical. É o "presente" do corpo diante do impulso desta energia profunda, espiritual, que se chama vontade.

Esta Runa na linguagem nórdica significa vontade e em alemão, espinha. Nestes significados reside o segredo da Runa porque "sem a espinha que crava e fere, não há faísca, nem surge a luz".

Também é símbolo da reencarnação.

Prática

Coloque o braço esquerdo sobre a cintura ou quadril, descrevendo a forma desta Runa. Este exercício deve ser feito pela manhã, dizendo TA, TE, TI, TO, TU. Sete vezes.

Runa: OS

NÚMERO: 4
PEDRA: Topázio
COR: Vermelho escuro
LETRA: O
SIMBOLISMO: Realização, oferecer.

Meditação

Nesta Runa trabalha-se de modo equilibrado com o corpo físico.

Afaste as pernas de forma equilibrada, coloque as mãos à frente também de modo que toque a cintura formando a figura de uma jarra. Nesta Runa, incentivadas com fervor, as portas para o sucesso dos poderes internos abrem-se, portanto, é necessário o equilíbrio entre o setor solar e o lunar, entre o setor celestial e o terrestre.

Desde que se realize esta Runa, o discípulo tem de dizer: "EU POSSO", a qualquer situação que se lhe apresente.

Prática

Afaste as pernas e leve as mãos para frente, na altura da cintura, com as palmas para baixo. Inspire e expire, enquanto diz: "T...O. ...R...N.. " (Quando se vai pelo R, comece a recolher os braços e quando s mãos tocam a cintura, termine com o N.).

Logo, fazendo uso da vontade e com o pensamento fixo em criar forças mágicas, uma vez feita a inspiração, retém-se o ar nos pulmões pensando constantemente: EU SOU TODO PODER, TODO VONTADE, TODO MOVIMENTO. EM MIM REALIZAM-SE AS RUNAS ESPINHA E MOVIMENTO.

Runa: RITA

PEDRA: Lápis-lazúli, carneol
COR: Azul, violeta
LETRA: R
SIMBOLISMO: Religião, compreender.

Meditação.

A Runa RITA corresponde à parte positiva, masculina. Exerce sua influência nas glândulas de secreção interna e nos hormônios masculinos. Está sob a influência de Júpiter: a personalidade. Para seguir adiante, no santuário dos mistérios do mundo suprafísico faz-nos falta a Lei.

A realização da Runa Rita, desperta a consciência interna do ser para que proceda com justiça dentro das leis.

Antes, a justiça e sua aplicação estavam unidas à religião.

As práticas da Runa Rita dão independência pessoal e farão que os discípulos irão sentir acima das leis humanas, intimamente unidos com a divindade, já que esta é a lei mesma, o poder, a luz que brilha dentro do discípulo, sendo seu Único Juiz, Senhor, Guia e Mestre.

Prática

De pé, a mão esquerda toca na cintura como se fosse uma jarra.

Afaste a perna esquerda para um lado e levante o pé do chão.

Pronuncie com ritmo as sílabas: RA, RE, RI, RO, RU, sete vezes.

Runa: KAUN

NÚMERO: 6
PEDRA: Crisólita, ágata
COR; Amarelo, alaranjado
LETRA: K
SIMBOLISMO: Tentação, sustentar.

Meditação

As práticas feitas para Runa KAUN direciona para o ritmo ou a parte feminina existente em nós. Em nosso ritual, são as forças de Nuit ou o princípio feminino das forças solares.

KAUN dá-nos a base da palavra, *Können*, em alemão, "poder", e de *can*, com o mesmo significado em inglês. Isto desvenda algo mais do mistério da Runa KAUN. KAUN é a Runa da procriação.

Prática

De pé, o braço esquerdo levantado ao lado do corpo em ângulo de 45º. A palma da mão voltada para baixo. Concentre a mente na pureza do sangue.

Runa: HAGAL

NÚMERO: 7
PEDRA: Safira azul
COR: Púrpura, azul, vermelho
LETRA: H
SIMBOLISMO: Vitória, transmudar.

Meditação

Quando perguntava aos maias pelo nome do seu deus, respondiam que Deus não possuía nome, e sua existência correspondia a uma aspiração, um hálito. Para expressá-lo aspiravam pronunciando um h aspirado. "H" é, pois o princípio do logos, de todas as Runas e de todas as palavras.

HAGAL é o princípio da Vida, a Força Solar, o Fogo Divino que os antigos veneravam e que foi utilizado na antiguidade para demonstrar seu efetivo valor.

A Runa HAGAL contém todas as Runas; portanto, encerra em si a chave do triunfo. Os estudantes das Runas devem fazer todos os ritos, possuídos de um sentimento religioso, ou seja, buscar a síntese de tudo através do profundo estado de consciência com o que trabalhamos.

A Runa HAGAL conduz à realização consciente da transubstanciação.

Prática

Começamos pela vista, para usar as forças dessa grandiosa Runa. Concentraremos nosso pensamento no Grande Todo, no Mundo Invisível, com todos os seus habitantes que os nórdicos chamavam Walkírias e nós, Elementais.

Iremos chamá-los em nosso auxílio e com eles nos encontraremos no terreno da Magia Prática. Não podemos viver sem esses seres (ou forças).

Desenhamos a Runa sobre papel branco ж. Depois, enquanto a visualizamos, levantamos os braços paralelos ao corpo e com as palmas voltadas para baixo, fazendo a metade da Runa Hagal Y. Ao abaixarmos os braços, realizamos metade da figura Λ.

Ao abaixarmos os braços, fixamos nossa visão a um metro mais acima do esboço em que estávamos olhando e veremos ali a imagem invertida.

É um efeito ótico, mas de momento nos ajudará nos exercícios posteriores.

Runa: NOT

NÚMERO: 8
PEDRA: Ônix, ametista
COR: Azul escuro, índigo
LETRA: N
SIMBOLISMO: Justiça, equilíbrio, separar.

Meditação

A Runa NOT significa exatamente perigo, mas nesta mesma Runa encontra-se o poder de rechaçá-lo.

Ao atuar nos planos superiores, não apenas se fazem chegar às forças positivas e protetoras, senão que, também se atraem as negativas, que imediatamente devem ser recusadas. Para tais finalidades, a Runa Not é de poder extraordinário.

O carma não é cego, pode-se esgotar e eliminar por meio das boas ações em geral e mediante magia. O ato não lesa a justiça em si, porque o que tenha desenvolvido poderes ocultos, tem que ter logrado virtudes e vibrações homogêneas a essas virtudes que o mínimo que poderão, ao menos, produzir efeitos.

Prática

As práticas desta Runa levam-nos à respiração solar e lunar. Inspire pelo lado direito do nariz e expire pelo lado esquerdo, enquanto conta até 12.

Uma vez avançadas estas práticas, aconselha-se que deixe de contar e em troca, evoque nesse estado mental em branco, recordações que estejam gravadas no subconsciente. O objetivo é chegar com a recordação, pouco a pouco, a vidas passadas e rever as más ações com as quais naquele tempo remoto engendramos o carma atual. O intuito é deter este encadeamento e saldar a dívida com as práticas atuais.

As práticas de ginástica consistem em trabalhar com os braços para forma uma Runa. Para isso, ergua o braço esquerdo para cima de modo que forme um ângulo de 135º. Com o direito, o levante até formar um ângulo de 45º. Durante o exercício, diga: "*ni... ne... no... nu... na...*". Procure o som ou a vibração correspondente e deixa que percorra até as pontas dos dedos, pensando sempre que desperta em nós, as forças defensivas e protetoras. Repita esse exercício sete vezes.

Runa: IS

NÚMERO: 9
PEDRA: Safira azul
COR: Azul claro, lilás, violeta
LETRA: I
SIMBOLISMO: Sabedoria, habilidade, correr.

Meditação

A Runa IS é a Runa do eu, do ego. O homem é uma Runa vivente, pousado verticalmente sobre a Terra como Rei e Senhor. Nesta posição acumula e antena as forças cósmicas. A questão é fazer esta Runa e personificá-la conscientemente. A Runa IS é o prolongamento do eixo do mundo onde desde o centro do nosso globo afluem as forças de forma constante.

Prática

Em posição firme levante os braços de modo que formem uma linha reta com todo o corpo. Uma vez feita a meditação em todos os aspectos de IS mentalmente, é momento para atrair as forças cósmicas, para isso, pronuncie a vogal i por sete vezes. Isto abrirá as portas do corpo astral.

Runa: AR

NÚMERO: 10
PEDRA: Âmbar
COR : Branco
LETRA: A
SIMBOLISMO: Mudança de fortuna, mudar.

Meditação

A Runa AR é terrestre e corresponde ao plano material das Quatro Rosas. AR em linguagem primitiva significa Sol e ARA é a outra denominação antiga com que conhece esta Runa. Ara significa Altar. Esta Runa representa o símbolo primitivo do eu da luz dentro de nós. É princípio da força solar que mora em nós.

Prática

De pé, com os braços retilíneos ao corpo, coloque apenas a ponta do pé direito no solo. Depois pronuncie o mantra "A ... RI ... O" por sete vezes. Isto é uma preparação para o levantar o Sol.

Esta Runa trabalha em conjunto com a SIG.

Runa: SIG

NÚMERO 11
PEDRA: Jaspe, ametista
COR: Irisado
LETRA: S
SIMBOLISMO: Poder espiritual, querer.

Meditação

A Runa Sig significa Poder Espiritual e corresponde ao Sol; é o próprio Sol. Esta Runa alude ao raio. É o significado do triunfo, da vitória. O enfoque do símbolo da Runa SIG é indispensável, pois é através deste que alcançamos o triunfo. É o selo universal e a força que abre passagem como o raio.

Prática

Depois de pronunciar o Mantra da Runa AR adote uma posição de firmeza, descrevendo o raio com a mão direita e o dedo indicador estendido, com a mente fixa na seguinte ordem: "EU QUERO VENCER EM TUDO. ASSIM SEJA". Este movimento inicia-se na altura do espaço entre as sobrancelhas. Repete-se sete vezes.

Runa : TYR ↑

NÚMERO: 12
PEDRA: Crisólita
COR: Púrpura, cinza, café
LETRA: T
SIMBOLISMO: Sacrifício, excitar.

Meditação:

A Runa TYR representa a Trindade, pois é formada por três braços, a Tríade em movimento, em circulação.

Nos manuscritos antigos está registrada como a Runa da reencarnação e do triunfo sobre a vida Prática. Com o corpo ereto despegue os braços do tronco, baixando as mãos como se fossem conchas, pronuncie longamente: *TIIIIIIIIRRRRRRRR*. Desse modo, a personalidade é despertada pelo impulso que se lhe dá com o T ou o Tau, o sangue, mediante o I e a circulação, mediante. Repita o procedimento por sete vezes. Pratica-se esta Runa juntamente com a BAR.

Runa: BAR

NÚMERO: 13
PEDRA: Berilo
COR: Vermelho claro, cor de tijolo.
LETRAS: B, M.
SIMBOLISMO: Transformação, morte, fecundar.

Meditação.

A Runa Bar recorda-nos o nome da Terra; na língua síria também significa filho. Podemos traduzi-la como "Filho da Terra". Foi dito que AR é o nome do Sol e a consoante B recebe uma força objetiva, trazemos, pois esse Sol é prometido à Terra.

Prática

Fique de frente ao Sol, enquanto forma com o braço esquerdo o formato de uma jarra, toque apenas ponta do pé esquerdo no solo; emita o mantra *"BAAAAAAARRRRRRR"*. Com isto unimos as forças superiores do céu com todas aquelas que são nossas condições físicas. Repita a operação por mais sete vezes.

Runa: LAF Γ.

NÚMERO: 14
PEDRA: Topázio
COR: Amarelo, azul, verde
LETRAS: L,N.
SIMBOLISMO: Renovação por domínio.

Meditação.

A Runa LAF significa vida, corresponde a "life" em inglês e nossos artigos em espanhol, el, la, lo. No entanto, vida significa o instante mesmo em que dispomos de algo ou somos donos de alguma coisa. Assim a pedra, o ar, são coisas vivas e tem existência positiva.

Prática

Em pé, estenda os braços para frente e concentre-se em um copo d'água, dando-lhe sentido espiritual, ao mesmo tempo que pronuncia: "Beba desta água meu ser interno limpando de todas impurezas para receber o Homem, o Ser Cósmico, as Forças Cósmicas". Para dar sequência a prática desta Runa deve vir junto com a MAN, que é o homem-deus que levanta seus braços.

Runa: MAN Ψ

NÚMERO: 15
PEDRA: Esmeralda.
COR: Azul turquesa.
LETRAS: M, X.
SIMBOLISMO: Magia, fatalidade, impulsar.

Meditação.

MAN significa o primeiro lugar, "homem", mas também, "mão" de manus em latim. É uma das Runas mais destacadas e por sua própria forma convida a uma constante oração. É o homem implorando ao Alto, ao Grande Todo.

Prática.

Pela de manhã, fique abaixo do Sol, no horário em que ele nasce. Com as mãos levantadas para expressar a Runa, implore ajuda e apoio, e diga: "Eu sou a saúde, sou a mão do Grande Todo mediante a qual executa a sua vontade e devo recolher como tal antena vivente, as forças divinas do Cosmos, sem desviar seu curso, nem quebrantar a lei". Isto deve ser feito nos dias 26 de cada mês e às 23:45h.

Jamais se implore de forma leviana durante esse ritual.

Runa: IR λ.

NÚMERO: 16
PEDRA: Sanguinária
COR: Vermelha
LETRAS: Y, O
SIMBOLISMO: Acidente, catástrofe, morrer.

Meditação.

Ir é o homem físico, humano que, sente o chamado da Terra. Esta Runa indica que devemos unir o saber do cérebro com o chamado do coração.

Prática

Igual à segunda metade da Runa Hagal. Uma vez nesta posição, reze: "Eu sou a saúde, eu sou uma mão do grande todo, mediante a qual executa a sua vontade, e como tal, sou uma antena vivente, devo recolher as forças divinas do cosmos, sem desviar seu curso, nem quebrantar a lei."

Runa: EH

NÚMERO: 17
PEDRA: Turquesa
COR: Violeta luminosa
LETRAS: E, F, PH
SIMBOLISMO: Verdade, fé, esperança, unir.

Meditação

A Runa EH é muito semelhante à Runa NOT, pois sempre coloca a pessoa em guarda para a chegada de qualquer perigo, ameaça, algo que esteja no caminho para perturbá-la ou transtorná-la. Na palavra eixo reside o valor da outra forma desta Runa, o eixo em redor do qual tudo gira.

Prática

Igual preparação para a Runa NOT, mas inicie levantando o braço direito.

Runa GIBUR Z

NÚMERO 18
PEDRA: Opala
COR: Verde-claro
LETRAS: G, SH, TS, TZ
SIMBOLISMO: Engano, amigos, traidores.

Meditação.

A Runa GIBUR significa o retorno a Deus, a volta à Vida Divina e à Cruz; é o símbolo de Luz, mas da Luz Divina. É a que nos diz: "Homem regressa Deus, volta a despertar a Vida Divina em ti e assim terás cumprido com todas as Runas e como és da origem divina como o Logos, e se te vales das forças internas que possuis, serás Mago, serás Iniciado, serás Deus mesmo."

Prática

Fique em posição transversal: ajoelhado com os braços estirados na altura dos ombros. Em seguida repita o mantra "Amenon" por sete vezes.

Prática do silêncio.

1ª. Prática
Signo de Áries.

De 20 de março a 21 de abril

Querido discípulo, ouça com atenção minha voz e siga com carinho este novo curso.

A preparação espiritual é perfeita e harmoniosa, e o discípulo que a seguir com amor, alcançará o objetivo.

Temos cursos preparatórios distribuídos desde aulas fundamentais que, a princípio parecem difíceis, porém, à medida em que avançamos realizamos a magia verdadeira. Assim a metafísica, do curso zodiacal e a magia rúnica têm nos preparado com exercícios físicos e espirituais.

Agora nos encontramos no UMBRAL DO TEMPLO, à espera da Voz do Mestre, que nos guiará individualmente. Você se sente preparado para este novo passo? Possui a força necessária do silêncio?

Você receberá instruções que não poderão ser comentadas. Para isso é preciso que ouça com atenção e reverencie minha voz. Falo desde o Summum Supremum Sanctuarium, em nome dos mestres da sabedoria que nos orientam até os planos invisíveis. Escutará a voz, que será minha, mas que poderá ser a de um dos nossos superiores, do seu mestre individual. Será de grande proveito que junto a este, repita o curso zodiacal, que como já sabe, chama-se prática do silêncio.

Por que prática do silencio? Com a preparação dos Cursos anteriores você afinou os órgãos físicos, glandulares e teus centros de força (Chakras). Agora, no Silêncio e pela Magia do Amor, trabalhará mais intimamente com teu mestre o espírito da humanidade, que se encontra necessitada e à espera de uma mão amiga para se levantar. Estende-lhe a mão com o apoio do Divino que habita em ti. Ao te levantar pela manhã repete as práticas preliminares:

A) Em pé olhe para o Oriente, enquanto realiza o sinal da cruz.

B) Consagrações ao ego e ao mestre.

C) Oração: Força universal... Mantra AUM três vezes.

D) Sentado, olhe para o Oriente, faça sete respirações mentalizando a absorção dos raios solares, Prana, que se dirigem ao baço, com a finalidade de revitalizar o sangue. Depois afirme: EU SOU A FORÇA INTELIGENTE DE DEUS QUE MANTÉM A PUREZA DO MEU CORPO E DO MEU ESPÍRITO, POR ISSO ORDENO AOS RAIOS SOLARES E AS FORÇAS PRÁNICAS QUE VITALIZÃO MEU SANGUE E MANTENHA MINHA SAUDE PERFEITA (Três vezes).

E) Em pé com os braços erguidos, paralelos à cabeça, repita sete vezes o Mantra I.

F) Prática da Luz. Exercício zodiacal.
G) O SILÊNCIO. Se acomode. Medite em silêncio. Quando conseguir se isolar completamente e realizar a unificação com o Silêncio, escutarás uma voz suave e doce, que dirá o princípio e o fim de todas as coisas criadas e manifestadas em qualquer um dos mundos que te rodeiam. A prática mais poderosa está no Silêncio absoluto de todas as vibrações. Relaxe o quanto puder e deixe que o silêncio te envolva completamente. Agora, com os olhos fechados, mentalize a poderosa e invisível presença que te anima, como a todas as coisas que formam o Universo visível e invisível. Depois reze em Silêncio: ÓH PODER CRIADOR, QUERO SENTIR-TE, QUERO QUE IMPREGNES MEU SER COM SUA FORÇA DE AMOR, QUERO DOMINAR A ESPÁTULA SAGRADA DE TEU PODER PARA QUE A HUMANIDADE SEJA O TEMPLO ABENÇOADO DA FRATERNIDADE UNIVERSAL DO AMOR. QUE HAJA PAZ, QUE HAJA TRABALHO PARA A REALIZAÇÃO IDEAL DA LUZ. EU RECEBO-TE, OH PODER CRIADOR, QUE ASSIM SEJA!

Que sua alma sinta este doce bálsamo do Amor irradiado do céu que vem a ti em poderosa corrente. Sentirá um bem tão grande como se fosse a unificação de teu espírito com o Todo manifestado. E encontrarás em ti a força que te equilibra que resolve tudo. E por haver conhecido assim a Força do Amor, repita em silêncio vibrando em harmonia: SILÊNCIO ABENÇOADO, QUE TUA FORÇA SEJA MINHA FORÇA, QUE TEU PODER SEJA MEU PODER, PORQUE EU SOU UNO CONTIGO, OH SANTO SILÊNCIO...

Fique por alguns instantes neste Silêncio Santo e aguarde minha voz que chega aos teus ouvidos afinados.

Para finalizar faça três vezes a seguinte afirmação: EU SOU A MENTE DIVINA VIBRANDO NA PRESENCIA PURA.

H) Entoe três vezes o Mantra I A O.

Oração:

Abençoado seja...

2ª. Prática
Signo de Touro.

De 21 de abril a 22 de maio

Os poderes desenvolvidos de forma plena e consciente proporcionam a certeza da comunhão exata do externo com o interno. Quantas e quantas vezes, em nosso trabalho silencioso, a maioria das vezes, penoso e exaustivo, sentimo-nos iluminados por maravilhosos raios de luz que nos põem de forma rápida em contato com a Divina Presença expressa em nós.

Quando a mente atua ou dirige na Pureza Divina, as inspirações dos Mestres tomam formas e atuam todas dentro da lei cósmica. Poderia dizer-se que as forças do mal atuam na sombra, ao contrário das do bem, que alcançam seu clímax ao meio-dia, hora da Força e do Esplendor. Crê, pois, como prêmio dos teus esforços, que nossos pensamentos dirigidos dentro do círculo de ação da Luz em sua maior expressão, ao meio-dia, conseguem realizar o que nosso Eu Divino quer.

Não percas, portanto um só minuto desta radiante manhã espiritual, para agir dentro das sábias leis do Universo, a fim de que te prepares com maior ardor e força para viver cada momento com pureza de ação e pensamento, e assim, teu trabalho ao meio-dia seja de êxito. Tu és Thelema, vontade, Thelema és tu, Lei, e estás atuando sob o signo e Touro, que desperta uma vontade forte e determinada.

Crê que resolverás mais acertadamente todos os teus problemas, se meditares ao meio-dia.

Não te esqueças de que touro desenvolve uma vontade férrea, determinada, mas sujeita a desvios materiais, quando não possuímos uma vigilância baseada na mais sadia espiritualidade. Lembra-te dos adoradores do Touro. A tradição afirma que os povos das eras passadas, atuando sob o signo de Touro, aproveitaram-se dessa imensa força para realizar conquistas materiais, subjugar outros seres etc. Vamos, portanto atuar nessa prática, dentro da Luz, para que nossas energias reforçadas sejam utilizadas no sentido do bem. Em harmonia com as forças divinas em ação, conseguiremos resolver nossos problemas individuais e outros mais sérios referentes à humanidade.

É a solução que podemos encontrar e que esperamos dentro do Raio Divino dos Mestres.

A) Ao levantar-te, de manhã, faça o sinal da cruz e tua primeira higiene, recolhendo-te em seguida ao teu santuário.

B) Consagrações ao Ego e ao Mestre.

C) Oração: "Força Universal e Cósmica...". Mantra Aum.

D) Prática da Luz.

E) Exercício do Curso Zodiacal.

F) De pé, voltado para o Leste em atitude de oração, recite a seguinte invocação à Luz: "Oh Deus invisível que conduzes os destinos de cada um, faça com que tua força nos inunde e possamos absorver as vibrações para continuar o verdadeiro caminho. Ajuda-nos para que possamos fixar nosso olhar sobre todas as coisas e compreender o sentido que encerram.

Penetra em nós e realiza-nos em unidade com teu raio de amor. Queremos abrir nosso coração qual árvore frondosa que expande seus galhos para dar sombra aos viajantes exaustos. Que nossos irmãos sintam o amor que lhe enviamos hoje e sempre. Faça com que tua divina presença guie nossos passos no caminho do bem. Que o Cristo interno seja despertado em nossos corações. Queremos ser úteis à humanidade, para que se cumpra na Luz Divina, o nosso destino evolutivo de ser. Que possam as rosas desabrocharem plenas de força em nossa cruz. Assim seja".

G) Entre agora no silêncio, com os olhos fechados e medite sobre o que invocaste em nossa oração.

Pense com energia e vontade que levas teus pensamentos à humanidade e depois de alguns instantes, levanta-te, eleva as mãos em atitude de bênção e diga, voltando-se a cada um dos quatro pontos cardeais:

"Que todas as divinas concepções da Luz encontrem materialização nas mentes bem formadas e dirigidas.

Que o trabalho da evolução do homem seja realizado dentro do bem e da verdade.

Que o fluxo divino penetre o mais rapidamente possível na humanidade para que alcance a luz.

Que teu pensamento seja animado pela mais forte vontade, ao realizar no silêncio do teu Templo este trabalho de Amor e de Fraternidade, falando da alma humana, dentro das vibrações invisíveis."

H) Três vezes o mantra IAO.

I) Oração: "A partir do ponto da luz..." Reze ao meio-dia.
Faça as saudações aos teus Mestres invisíveis e irmãos de humanidade.

Recite com muito amor a oração : "Oh, Deus invisível..." Em seguida, fique no silêncio, exponha à Divina Presença teus problemas mais sérios e ordene dentro do raio divino de ação que se resolvam estes: "Minhas necessidades serão supridas e resolvidas na Luz."

Agradece ao Pai Supremo todos os benefícios que recebes diariamente no pão espiritual, como o fazes com relação ao pão da tua mesa.

Se puderes, recite novamente a bênção aos quatro pontos cardeais. Reconheças, meu irmão, que trabalhas na Luz.

3ª. Prática
Signo de Gêmeos.

De 21 de maio 21 de junho.

Discípulo querido ilumine tua mente todos os dias e penetra no Templo do Saber. Passará muito tempo antes que alcances a iluminação completa e terás de lutar muito para finalmente alcançar a meta ansiada.

Procure, antes, certificar-se de que teu corpo vencerá qualquer luta exterior e penetra então no teu sagrado Templo interno.

Fique no grande silêncio do teu próprio corpo e deixe que teu coração vibre. Buscarás então as verdades acerca do teu destino e o daqueles que te foram confiados. Logo, saberás que tua luta te conduz vitoriosamente, que teu desejo de ascender contribuiu para o êxito e à glória, porque sentiste que podes servir à humanidade, como prova de que te é destinado um fim divino.

Guarda-te então de tudo que é negativo e atue positivamente, porque és e será a Divina Encarnação do ego superior.

Recomendo-te além do mais: persevera, sejam quais forem os obstáculos do teu caminho.

Tenha fé e conscientize-se que os Mestres jamais abandonam o discípulo.

Sê puro e ilumina teu coração e tua mente, na fonte cristalina de luz, para que possas ser Deus em ação, já que te encontras no caminho difícil da grande obra, que é buscar o ressurgimento da humanidade.

Como sabe, esta terceira prática deve ser realizada em conjunto com a zodiacal do signo de Gêmeos. Este signo tem sua influência nos pulmões e nos braços. Tens que manter teu corpo apto fisicamente para a grande obra.

Trabalhe hoje, portanto, nos pulmões, onde poderá preparar um terreno fértil, fonte de saúde.

1. Começa tais atividades diárias pela respiração consciente.

Ao despertar, ainda na cama, realiza sete respirações rítmicas, mas sem forçar os pulmões.

2. Levanta-te, realiza tua primeira higiene e faça o sinal da Cruz.

Olhe para a janela, se possível, direcionado para o Oriente e pratique um leve exercício respiratório rítmico. Imagine que estás alimentando teus pulmões com oxigênio puro:

A) Primeiro tempo: ao inspirar, ergue-te sobre as plantas dos pés, levantando, ao mesmo tempo, os braços ao longo do corpo, até aproximar-se das mãos em cima da cabeça;

B) Segundo tempo: ao expirar, baixe novamente os braços, sempre estirados e ao longo do corpo, dobrando os joelhos até ficar sentado sobre os calcanhares e sustentando-te apenas sobre as pontas dos pés a tempo de que tuas mãos fiquem na cintura;

C) Terceiro tempo: ao inspirar, levanta-te, elevando de novo os braços, até levá-los a uma posição horizontal com os ombros;

D) Quarto tempo: ao expirar deixe cair lentamente os braços até sua posição normal, ao mesmo tempo em que os pés tomam também sua posição normal. Repita este exercício sete vezes ou mais se te for possível.

3. Consagrações ao ego e ao Mestre.
4. Oração: "Força universal e cósmica...". Mantra Aum, três vezes.
5. Prática da luz.
6. Exercício zodiacal.
7. Oração da lição de Touro.
8. Em seguida, entre em Silêncio e depois, realize um completo relaxamento durante poucos momentos. Lembra-te do que te foi dito no início desta prática e faça o possível para penetrar através do teu ego divino, em tua própria consciência, para desvendar o oculto e depois penetra na consciência de humanidade, enchendo-a fé, esperança e amor e assim, conseguir sua ascensão pela regeneração consciente.
9. Três vezes o mantra Aum.
10. Oração: "Desde o ponto de luz...". Vai e cumpre com tuas obras amado discípulo. Os Mestres estão contigo.

4ª. Prática
Signo de Câncer

De 21 de junho a 23 de julho.

Uma vez mais, querido discípulo, ouça com atenção a minha voz. E segue com carinho as indicações deste curso.

A) Ao levantar-se pela manhã faça o sinal d Cruz e tua primeira higiene, recolhendo-te em seguida no teu santuário.
B) Consagração ao Ego e ao Mestre.
C) Oração: "Força universal e cósmica..." três vezes o mantra Aum.;
D) Sete respirações levando mentalmente os raios solares como as forças prânicas à glândula timo que se atrofia na adolescência;
E) Prática da Luz e Prática Zodiacal do signo de Câncer;
F) Prática do silêncio.

Que não te satisfaçam mais que os altos desejos do teu coração para a complacência do teu espírito.

Que tua rota seja de amor, pois a humanidade necessita de uma legião de bons servidores para que realizem o desejo dos Mestres invisíveis no mandato Divino.

Evite pensamentos e atos que possam estorvar teu percurso.

Julgue em ti, antecipadamente, as razões que possam levar-te a assumir este ou aquele modo de ação; deves ser continuamente juiz dos teus próprios impulsos e atos. Talvez possas, assim, melhorar sempre as amarguras do teu caminho.

Não se realiza num segundo, o desejo concretizado em séculos de aprendizagem. Reforma antes, o que, ao estar desajustado, faz de ti algo semelhante à falta de óleo ao bom funcionamento do motor.

Não falo unicamente a ti, minha voz deve ser ouvida por milhares através as tuas vibrações de amor.

Se não existisse o desejo que vem contigo de encarnação em a encarnação, o ser naufragaria no grande oceano das realizações. Apenas realiza o ideal de evolução, aquele que, igual à pedra, jaz submerso na inconsciência do seu desejo não desperto para a suprema beleza do chegar a ser.

Cabe-te a ti, como aos que desejam trabalhar em prol do movimento evolutivo da humanidade, tocar esses seres com a vara mágica do amor.

Não esperes oportunidades, não adormeças na tua tarefa, realize no silêncio.

Bem sabes que as máximas realizações fazem-se no silêncio, em sintonia com o absoluto.

Ame e continua amando conscientemente, à criação, porque assim te capacitará para qualquer realização.

Quando te sentires seguro desse amor consciente, após uma pequena autoanálise, levanta-te e faça a invocação da disciplina de Signo de Áries: "Oh, Poder Criador quero sentir-te, quero impregnar-me..."

Em seguida, com os braços erguidos, olhe para o Leste e continue: "Oh, Deus invisível que diriges os destinos de cada um...". Silêncio profundo...;

A) "Eu sou mente Divina...";

B) "Eu sou força inteligente..." (de Áries);

C) Mantra Iao, três vezes.

5ª. Prática
Signo de Leão.

De 23 de julho a 23 de agosto.

Ao levantar-se pela manhã, faça o sinal da cruz e tua primeira higiene, recolhendo-te em seguida no teu santuário.

A) Consagração ao ego e ao Mestre;

B) Oração: "Força universal e cósmica", três vezes o mantra Aum. Jesus, o Mestre atua sobre todos os discípulos, expandindo-se em vibrações de amor consciente, calmo e sereno, olhando no infinito de todas as coisas. Encarna a própria face do Universo.

Vós, que sois discípulos amados, buscai nessa fonte inesgotável de amor a força, a saúde, a serenidade e o poder.

Pensai, não obstante que, são Arcanos com os quais a presença divina opera no Universo. É a própria magia divina, é a luz que se converte em pensamento.

Não vos limiteis ao vosso âmbito de ação, superai-o, ide mais além, onde atuam os espíritos quase purificados do pecado original.

De qualquer modo, podeis ajudar vossos irmãos a subirem um grau a mais; a correr cortina deste horizonte de maravilhas que é a verdade excelsa.

A incompreensão, a injúria, a infâmia os alcançarão, mas perseverai em vossa vontade de ascender e fazei com que vossos olhos sejam cegos e vossos ouvidos não ouçam essas injúrias porque tereis que equilibrar em vós mesmos a presença divina e, ela jamais aceitará no seu plano de ação o que é discordante.

Jesus, neste momento, ao nascer do sol, estende suas mãos em bênçãos à humanidade e para que essa humanidade possa recebê-las com o coração aberto e aproveitá-las para a sua evolução, vós, que sois conscientes, podeis e deveis contribuir.

C) Recebei as vibrações de amor que neste momento todos os Mestres vos enviam e impregnai-vos das forças solares com sete respirações profundas, imaginando que as levais ao sangue, através dos pulmões; depois carregai dessa mesma força o coração, por meio de sete vocalizações da letra O;

D) Prática da luz;

E) Prática Zodiacal do signo de Leão;

F) Fazei, em seguida, a seguinte invocação, em benefício da humanidade: "Força pura do puro amor, venha e penetre em mim. Preciso de ti para poder avançar, porque sem ti o caminho está cheio de trevas e minhas forças abandonam-me no meio do percurso. Desejo-te e neste desejo está a unificação do meu ego com o Ego Divino. Caminharei então, seguro da minha força, porque é na tua força onde se fortalece meu eu. Mestres, que me protegeis do invisível e como sábios e carinhosos pais, mostrai-me os erros; que vossa proteção não me falte, pois onde devo chegar já estão os outros. Minha força sentirá a pureza do amor, porque já se desperta o desejo de amar a humanidade em meu coração. Já experimento o vislumbre da felicidade daquele que dentro de si mesmo se dá ao amor e no amor abençoa aos que se aproximam dele. Quero e desejo que a humanidade seja boa e pura e que toda ela, dentro da unidade seja paz e concórdia. Oh, humanidade, avançai sob a divina proteção da bandeira da Luz que é o puro amor. Unamo-nos para que a felicidade de ser Uno, nos torne partícipes do mesmo trabalho da evolução. A todos vós, meus irmãos na humanidade, quero saudar-vos em nome de Deus. E que possais receber neste momento, todas as vibrações de amor que vos envio como veículos da luz".

G) Agora, fique em silêncio e deixe que as mais puras vibrações de amor que acabas de invocar e enviar à humanidade se filtrem através da tua mente e do coração, tomando o destino propício em benefício comum. Submerge-te no invisível durante todo o tempo que puderes.

H) Repita três vezes: "Eu sou a mente divina vibrando na pura presença ...".

I) Três vezes o mantra Iao.

J) Oração: "A partir do ponto de luz..."

6ª. Prática
Signo de Virgem.

De 23 de agosto a 23 de setembro.

A) Ao levantar-se pela manhã, faça o sinal da Cruz e tua primeira higiene.

B) Consagrações ao ego e ao Mestre.

C) Oração: "Porta universal e cósmica", três vezes o mantra Aum.

D) Sete respirações, levando mentalmente as forças solares à altura dos rins, com intenção de que penetrem nas glândulas suprarrenais, vitalizando-as.

Ao inspirar, encha primeiro o ventre, subindo depois o ar aos pulmões; distenda bem o ventre para que todos os órgãos se movam ou recebam o ar.

Ao expirar, contraia-o, ao máximo possível.

Depois das sete respirações, descanse.

E) Prática da luz.

F) Disciplina Zodiacal do signo de Virgem.

G) Mantra: Inuhan (Este mantra te ajudará a equilibrar os órgãos do ventre, estômago, etc.).

H) Prática do silêncio e em seguida, medite. Deixe que os puros eflúvios de amor envolvam teu corpo, vindos do teu espírito pela meditação e pelo sofrimento consciente de vidas e vidas de serviço permanente. Assim, a mística que produz cada partícula do Universo será vida em ti. E os sons divinos da música de Deus-amor, envolverão todas as criaturas. A vida universal é plena de beleza e equilíbrio. Deixe cantar em ti a alegria perfeita para que a harmonia e a paz espiritual se deixem sentir.

I) Agora volte teu pensamento otimista para a Terra, que representa a subida do triângulo invertido da própria Terra. E esta se encontra em fase perfeita de evolução. Ajude conscientemente teu planeta nesta ascensão. O triângulo é teu e dos que cooperam contigo. Aproveite este signo e realize em teu Templo o grande serviço dentro do silêncio. Mas atue também fora do Templo, ensine e lance a grande semente da verdade, ainda que bem saibas que deves usar apenas os ambientes ou terras propícias. Encha teu coração de amor, de gratidão e de valor e com os braços levantados, de pé, para o Oriente, invoque: "Benditos raios cósmicos de amor e proteção da aura da Terra, penetrai-lhe e nela infundi toda a paz e harmonia de que carece para seu trabalho evolutivo. Abençoai-a e convertei seu centro numa fonte de amor e perfeição, fazei que, irradiando do centro, este amor e esta perfeição alcancem os seres e as coisas do Universo. Oh, forças invisíveis, emanadas dos Mestres de sabedoria e luz, ajudai-me, para que assim seja."

J) Fa, fa, fa, amém.

K) Meditação durante certo tempo.

L) Três vezes: "Eu sou a mente divina, vibrando na presença pura".

M) Mantra Iao. três vezes.
N) Oração: "A partir do ponto de luz...".
O) Cruz gamada.

7ª. Prática
Signo de Libra.

De 23 de setembro a 20 de outubro.

A) Querido discípulo, levanta-te com o pensamento e o desejo intenso de praticar pelo menos uma boa obra. Faz o sinal da Cruz, depois da primeira higiene, recolhe-te em teu santuário e pratique teu trabalho.
B) Consagração ao ego e ao Mestre; oração: "Força universal..."
C) Mantra Aum.
D) Prática da luz.
E) Signo Zodiacal de Libra.
F) "Eu sou a ressurreição e a vida", três vezes.
G) Magia do silêncio: sentado diante do Leste ou se possível, de pé, com os braços estendidos em cruz, respire profundamente sete vezes, imaginado que os raios solares, como potência cósmica, carregados das vibrações do signo de libra, penetrem teu corpo e impregnam todas as tuas células, equilibrando tuas funções.

Com sabes, Libra é o equilíbrio, suas vibrações produzem estabilidade, quando se utilizam com sabedoria. Agora, entenda bem: no Templo do silêncio apenas tem entrada aqueles que, livres de tudo que é exterior e ilusório, submergem-se nas coisas verdadeiras do espírito. O fogo interno abrasa com o calor da sua chama e impele o discípulo às realizações máximas.

A vida humana recebe o fluxo de vida Divina, como muitos estão recebendo e desfrutando as delícias do céu.

Lembre-se, querido discípulo, em muitos caminhos choram as criaturas desoladas, buscando um pouco de fé, que lhes possa servir de guia para encontrar o caminho, onde possam descansar das dores e torturas de carmas diversos.

Afirma-te na divina proteção e segue sem temor ou vacilação.

As dúvidas cármicas de cada um podem ser saldadas pelo trabalho consciente em benefício da humanidade. Com amor terás a sabedoria e a força.

Poderás seguir alegre e triunfante, porque o reino de Deus está próximo e O alcançarás pelo poder da Vontade a serviço do perfeito equilíbrio de pensamento, sentimento e ação.

Permaneça em absoluta união com o Pai Divino e verás dentro de algum tempo os resultados maravilhosos da plena aceitação da luz Divina.

Trabalhe com serenidade, confiança e fé e alcançarás os poderes divinos para que os use em seguida não ação contínua em pró do equilíbrio do mundo.

Pelo caminho da verdade, realizarás a vereda que te conduzirá à senda verdadeira dos Mestres e o alcançarás por completo.

Desafie o silêncio e ouve a voz do Mestre interior.

Não esqueças disto : "Eu Sou em Luz a projeção do Divino" Ouve-me?.. Entende-me? Então, entre em silêncio alguns momentos e depois pense, imagine teu corpo envolto numa luz branca; do Ego Divino vem as vibrações de luz ao átomo "nous"; do átomo "nous" parte a força de todas as células, centros nervosos e motores e concentra-se finalmente no plexo solar.

Busque neste silêncio construtor o equilíbrio perfeito, em que hoje serás ajudado pelo impulso das vibrações benéficas de Libra.

H) Eu sou a luz, o equilíbrio perfeito.
Sou Fonte de Poder e de Amor.
Estou em Deus como Deus está em mim. Mantra: "Eu sou.", três vezes. Mantra Iao.
Oração: "A partir do ponto...".

8ª. Prática
Signo de Escorpião.

De 23 de outubro a 21 de novembro.

A) Ao levantar-te pela manhã faça o sinal da cruz e tua primeira higiene, recolhendo-se em seguida em teu Templo;

B) Consagrações ao Ego e ao Mestre;

C) Oração: "Pureza universal e cósmica..." três vezes o mantra Aum;

D) Prática da Luz;

E) Prática Zodiacal;

F) O Silêncio: que no teu coração reine a paz, que tuas mãos abençoem como teu coração, para que os Mestres te possam transmitir as puras emanações da fonte de Luz.
Não te detenhas em parte alguma buscando o que se encontra dentro de ti mesmo com uma força que se transmite a tudo.
És o Templo vivente da Divindade.

Que não seja jamais profanado, nem sequer em pensamento. Que teu lema seja Vontade, Ação e Amor. Alcançarás um reino que está dentro de ti mesmo, através do amor. O reino do amor crístico. Amor consciente, Divino, criador. Não farás uso do amor sexual como um simples prazer vulgar. Irá usá-lo para criar pensamentos positivos que devem emanar sempre de ti, especialmente quando te acercares da criatura que te foi destinada como companheira na encarnação presente. Se assim o fizeres, que os Mestres Sapientes te aceitem como guardião da Santa Paz, que deverá reinar no mundo e que será edificada por ti, em colaboração com todos os teus irmãos. Que vossos pensamentos unidos emanem Força para que a realização desta Paz seja em verdade a Paz Divina. "Força protetora dos Mestres, vem até mim, que eu possa ser um recipiente das mais elevadas vibrações para sua difusão na humanidade e que todas as criaturas possam compartilhar a santa graça de vibrar conscientemente na Divina Presença. Assim seja."

G) <u>Vocalize</u> <u>Mentalize</u>

<u>Vocalize</u> <u>Mentalize</u>

I (Pineal)

Azul

E (Laringe)

Verde

O (Coração) Dourado

U (Plexo) Vermelho

A (Gônadas) Branco

Seguindo a ordem conhecida da cabeça aos órgãos sexuais.

H) Três vezes cada afirmação depois de uma pequena pausa: "Deus, Teu é o Reino, Teu será na terra, o Reino da Paz. Deus, sou teu servidor e ponho todas as minhas forças sexuais ao serviço da Luz. Deus, eu, teu filho, amo a Luz e quero servir-lhe, porque sou a Ressurreição e a Vida." Meditação profunda.

I) Entre em silêncio e medite. Entrega-te ao serviço do Bem e será um sacerdote da Magia Sagrada, dos Arcanos Divinos.

J) Três vezes o mantra Iao.

K) Oração: "A partir do ponto de luz..."

9ª. Prática
Signo de Sagitário.

De 21 de novembro a 22 de dezembro.

A) Levanta-te antes da saída do sol, com o firme propósito de praticar somente o bem. Faça o Sinal da Cruz e eleve os braços e diga: "Oh, Poder, oh força, oh, Supremo Pai, eu me uno a ti pelo amor, pelo serviço e pela fé". Em seguida e depois da tua higiene, recolhe-te ao santuário.

B) Consagração ao Ego e ao Mestre.

C) Oração: "Força universal e cósmica..."; três vezes o mantra Aum.

D) Prática da Luz.

E) Prática Zodiacal de Sagitário.

F) O Silêncio: o Silêncio embriaga até tal ponto o espírito que é nele onde se verificam as grandes transformações.

Procura sempre que puderes permanecer em silêncio. É ele o grande alquimista do Universo. Seu trabalho é de tão importante transcendência que tudo se transforma ao seu toque mágico.

As dores vividas no silêncio são as mais proveitosas e de maior poder evolutivo para o espírito.

As alegrias que cantam no silêncio, cantam a divina música do amor. Nas práticas, o silêncio nos dará luz e poder evolutivo.

Medite um pouco no signo de Sagitário cujo planeta é Júpiter. Todas as influências são benéficas.

Cabe ao discípulo escolher seu caminho e ser feliz ou não. Cada um elabora sua própria sentença em Sagitário.

Que tua eleição seja benéfica, por serem justos e acertados os teus passos pelo caminho. E qual é o caminho reto? Tu o sabes e sabes como buscar forças para não se desviar dele.

Vamos, filho meu, fique em silêncio, ouça a voz interna e aspire ao auxílio de Júpiter, invocando-o no mantra Iao, (três ou sete vezes), para em seguida, entrar no mais profundo e prolongado silêncio.

Guarde silêncio de tudo o que viste e ouviste durante a meditação. Não fales nunca de tuas experiências a ninguém. As instruções ocultas são individuais.

Se não acatares esta ordem, poderás fracassar em todas as tuas experiências, presentes e futuras.

Se receberes durante a meditação, alguma ordem prática em benefício da humanidade, cumpre-a.

Se não, faça o que vou recomendar-te, já que deves ter saído deste prolongado silêncio cheio de vida, força e animado do mais sincero desejo de trabalhar cada vez mais em benefício dos teus irmãos, que seguem ao teu lado o doloroso caminho das experiências terrestres em busca da evolução do espírito.

Eu sou a força eterna do amor que envolve e guia a humanidade para a união absoluta.

Eu sou a natureza interna despertada ao amor consciente para benefício do todo de que apenas sou uma partícula.

Eu sou uma chama divina que envolve todos os seres da criação com amor, Fraternidade e paz.

Termine tuas práticas, dando a bênção aos quatro pontos cardeais.

G) Três vezes mantra Iao.
H) Oração: "A partir do ponto de luz...".
I) Sinal da cruz na cabeça, nos lábios e coração, encerrando um círculo semelhante ao da entrada no Templo. (Cruz gamada)

10ª. Prática
Signo de Capricórnio

A) Levanta-te com o pé indicado pela respiração, faça o sinal da Cruz, três respirações fortes, a primeira higiene e o recolhimento no Santuário.
B) Consagração ao Ego e ao Mestre.
C) Oração: "Força universal e cósmica". Mantra Aum.
D) Sente-se comodamente e entre em silêncio.

Pensa nas puras forças cósmicas que te envolvem numa luz encarnada, depois azul e finalmente violeta; que essa luz percorra toda a superfície do teu corpo, banhe tua pele e concentre-se nos joelhos, onde há uma importante glândula que deve desenvolver-se.

Recite, então, o mantra FA, sete vezes, dando-lhe o máximo de vibração consciente para que a tonalidade violeta produza o efeito purificador a que te propuseste.

E) Domínio do pensamento ou prática da Luz.

F) Exercício zodiacal de Capricórnio.

G) Confiemos na divina presença que nos dirige. Ela por si só é a força motriz do Universo.

Analisamos os valores evolutivos tais como: meio ambiente a realização do homem e confiança no Eu superior. Consideremos também que o ser vivente é animado pela Vontade; que essa Vontade, dirigida pela divina presença, concentrará as forças necessárias para vencer serenamente as vibrações negativas no meio ambiente, permitindo as realizações cármicas dentro das próprias do Ego Divino.

Por conseguinte, sabendo a criatura que a vontade divina poderá concatenar-se com a sua, se está bem dirigida; realizará, se assim o deseja, a transformação das forças negativas nos mais firmes poderes, que, por serem positivos, serão dirigidos em benefício da humanidade e lhe trarão maior provisão de luz e força. Compensando assim o esforço humano e racional de projetar-se para o mais alto, não se deterá jamais, porque sabe que realmente está avançando no caminho, permitindo assim sua evolução.

Basta guardar silêncio, contemplando a natureza em qualquer modalidade, para sentir que vida divina flutuando em todas as coisas e que o Universo da sua vida mesma se move numa atração divina de integração no todo.

Sei que os amados discípulos deste curso estão animados pelo melhor desejo de cooperação com a Divina Presença Ativa. A criatura que penetra no caminho evolui continuamente; porém, a cada um lhe é dado o desejo de evoluir mais rápido.

A cadeia de seres para a evolução, entretanto, obedece a planos divinos indestrutíveis. Por isso, qualquer que seja a diretriz seguida, mais ou menos rápida, levará a criatura à meta anelada.

Aos que caminham à frente lhes é dada uma oportunidade mais, quando querem servir e ajudar os mais atrasados, enviando-lhes pensamentos positivos, capazes de fortalecer sua vontade, reanimando suas forças gastas.

A ti, discípulo amado, confio uma parcela da Grande Obra, em benefício dos irmãos que vêm atrás.

Fique em silêncio, medite sobre tudo o que acabas de ler e aprenda a tomar tua resolução. E se ainda assim quiseres seguir-me, ore comigo em benefício comum de todas as criaturas: "Oh, Causa infinita de tudo o que foi criado, consciência ilimitada do infinito poder, que vossa magnificência chegue a nós para que possamos sentir a vida espiritual e nela dignificar nossa própria vida. Confere a cada ser a potência criadora do bem, para que todos os pensamentos, ao fazerem-se positivos, sejam pequenas fontes de poder e de amor. Faça que nossos corações estejam abertos à luz e que possamos dirigir nossos passos até vós, Oh Poder, Oh Amor, Oh Luz. Assim seja."

H) Três vezes o mantra Iao.

I) Oração: "A partir do ponto de luz..."

11ª. Prática
Signo de Aquário.

De 20 de janeiro a 19 de fevereiro.

A) Levante-se, faça o sinal da Cruz, executar três respirações fortes, a primeira higiene e o recolhimento no santuário.
B) Consagrações ao Ego e ao Mestre.
C) Oração: "Força universal cósmica..." Mantra Aum, três vezes.
D) Prática da luz.
E) Exercício zodiacal e afirmação: "Eu sou a ressurreição e a vida..."
F) Comece com a prática correspondente ao signo de Aquário: "Amados irmãos da Terra: levantai-vos para que possa manter-vos com minha bênção por cima das misérias humanas.

Levantai-vos, sede livres e gozosos..."

Podereis conquistar esta liberdade, essa alegria, com um pequeno esforço, até chegar a ter fé no coração e confiança absoluta nos ensinamentos. Sabendo que este curso deve ser feito de acordo com o caminho indicado pelo signo zodiacal, recordemos algo daquele curso: Aquário exerce sua influência principalmente nas pernas, especificamente nas panturrilhas e também sobre a oxigenação sanguínea, os nervos e os olhos. Sobre a influência Saturno – Aquário nascem os grandes teósofos, os lutadores pelos princípios religiosos, os idealistas e os inventores.

Os ocultistas têm em grande porcentagem, seu ascendente em Aquário ou o Sol na referida constelação, pois com ela nasce a intuição oculta.

Voltemos à prática do silêncio.

Mantenha vossos pensamentos em uníssono e com firme vontade no caminho.

Solicite a orientação segura para vossa vida, na Poderosa Presença da Proteção Cósmica. Podeis estar seguros de que recebereis Força suficiente para trabalhar nessa presença. Há muito de verdade e claridade no que foi realizado até hoje. Podereis ir talvez, mais rápido.

Escolhei, pois a Força Divina que existe em cada um e depende da criatura continuar ou não dentro do carma.

Estudai, observai muito, tudo vos foi dado para que o essencial fosse encontrado.

Já vimos antes que Aquário vos ajuda apesar de ter a intuição oculta.

Aproveitai, pisai firmes no caminho e segui o Mestre.

Coloque-se de pé, com os braços e as pernas afastados do corpo como uma estrela. Imagine-se uma corrente de luz, vinda da constelação de Aquário diretamente para a panturrilha esquerda, seguindo através do coração até o cérebro, descendo pela perna direita, passando para a perna esquerda e circulando novamente pelo corpo.

Pense que essa corrente vitaliza o sangue, equilibra os nervos e dá vida aos olhos. Emita então o mantra FA, desejando amorosamente que essa poderosa força concentrada em vós se eleve ao Sol espiritual para descer com mais poder e vitalidade sobre todas as criaturas, com a finalidade de que a evolução se faça mais rápida na terra.

Sente-se em seguida, faça alguns segundos de Silêncio e diga: "Eu sou a força propulsora da Luz e na luz seguirei como o enviado de Deus para colaborar na grande obra."

Fique em silêncio absoluto e deixe que vosso espírito siga durante alguns momentos com o Mestre que seguramente se vos apresentará.

Ao despertar de novo, daí graças e confie cada vez mais na proteção de vossos Mestres, encerrando os trabalhos.

G) Três vezes o mantra Iao.

H) Oração: "A partir de um ponto de luz.."

12ª. Prática
Signo de Peixes.

De 19 de fevereiro a 21 de março.

A) Ao levantar-se pela manhã, faça o sinal da Cruz e tua primeira higiene, recolhendo-te, em seguida, no teu santuário.

B) Consagrações ao Ego e ao Mestre.

C) Oração: "Força universal e cósmica ....". Três vezes o mantra Aum.

D) Fique de pé e vire-se para Leste. Pense no Pai, o Logos Solar, em suas vibrações vitais que através do Sol entram pelos braços e descem a ti pela força do fogo purificador. Procure sentir durante alguns segundos, as condições que indica esta lição. (Esta prática pode fazer-se sob os raios do Sol ou no Santuário).

E) Prática da Luz.

F) Exercício Zodiacal de Peixes.

G) Estamos no final do nosso curso. Antes de encerrá-lo, gostaria de falar sobre o caminho que buscas com tanta dedicação.

Quero também felicitar-te por teu esforço.

Encerraremos com chave de ouro este curso.

Leia com atenção o que tenho que dizer-te, antes de entregar-te às práticas finais.

Há formas e formas de vida, como há formas aladas nas míseras lagartixas que se arrastam.

Medite um instante sobre as possibilidades evolutivas de um ser em uma encarnação, que ainda sendo suscetível a penas e dores. Se souberes resgatar-te, poderá elevar-te aos mais altos.

Tenha sempre nos lábios, uma palavra nobre para o miserável que dirige seu olhar humilde, solicitando tua caridade.

Olhe com amor os infelizes que de ti se aproximam, porque com isto ganharás que tua alma possa ir-se emancipando do seu carma.

Faça com que teu destino seja o de um ser que vibra na luz e que na luz realiza sua estância permanente.

Espalhe tua bondade para que se multiplique em bens para teu espírito.

Recolhe-te no teu Templo e ore por aqueles infelizes que, como folhas caídas da árvore do caminho, rolam nas brisas do outono, sem destino.

As vibrações da tua prece cairão sobre ele que sentirá uma doce harmonia, um grande bem-estar de silêncio e quietude que lhe preenche de súbito a alma ressecada pela dor.

Não será mais do que a gota de amor derramada na plenitude da tua alma através do sentimento puro arrancado do teu divino ser.

Não duvides e não cedas à tentação de deter-te para recolher as primeiras flores. Prossiga tua jornada de luz em sacrifício ao puro amor universal.

Aos que te injuriam com palavras cruéis, nas quais a maldade está tão presente como a Luz no teu espírito, responde-lhes com amor. Ganharás assim, um irmão, pela força mesma deste poder puro e santo.

Continue discípulo, com maior firmeza em teu caminho. Não desanimes diante dos espinhos e dos abrolhos que se encontram dispersos na senda por onde transitas, porque tua alma liberada pelo amor voará para formosas e insuspeitas regiões.

Alcançadas estas alturas, o mundo será para ti uma simples visão, um cenário passageiro formado por figuras imprecisas que não chegarão a manchar a pureza do teu sentimento.

Conserva-te sempre à direita do Pai e ensine que o amor é a fonte inesgotável de sabedoria e força. Que teu ideal de luz seja amplamente satisfeito e que todos os teus anelos sejam realizados. Que a força crística te leve o poder da ação. Assim encontrarás mais amor puro em teu caminho.

Estenda tua mão ao peregrino exausto que espera confiante a tua chegada. Fale do Poder Divino que é a força que te impele e continua tua trajetória porque te esperam muitos outros adiante.

Faça-te tão puro como os lírios que, presos no pântano, ostentam sua brancura e indizível perfume. Dentro da maldade humana, tua alma que se eleva aos céus deve ser como um lírio simbólico, a flor da pureza.

A força, poder e amor de Deus preenchem teu ser Divino e jamais deverás macular o santuário sagrado da essência divina com pensamentos irreverentes de ódio e desamor à humanidade. Transforme este mesmo santuário na morada da força crística.

Busque o silêncio que fala dentro de ti mesmo.

Finalize agora tuas práticas matinais com o exercício seguinte. Mas antes de tudo, entrega-te a uma meditação profunda sobre o que acabas de ler.

Unidos os pés, as mãos juntas, os dedos indicadores unidos e colocados sobre os lábios, os olhos fechados, medite sobre o signo de Peixes. Eleve teu pensamento a Júpiter e deixe passar pela tua mente toda a grandiosidade dos grandes seres do planeta. Envolve-te então, numa esfera mental de luz azul. Pense em trazer as forças canalizadas à tua glândula pineal, vendo-a inundada dessa luz azul e depois de retenha essa imagem perfeita, pensa em levá-la aos pés emitindo o mantra Ieou, sete vezes.

H) Três vezes o mantra Iao.

I) Oração: "A partir do ponto de luz...".

J) À noite, após a leitura desta lição e de uma longa meditação sobre o silêncio interno, encerre as tuas práticas com a seguinte afirmação: "Ponho-me em harmonia com o poder divino e como quero servir, trabalharei conscientemente durante o descanso do meu corpo, no sonho em que as forças divinas envolvem-me e eu posso seguir os passos do meu Mestre".

K) Iao, três vezes.

Taumatologia.

I.D. Se abrirmos as Sagradas Escrituras, tanto seja a Bíblia como a nossa Pistis Sophia, encontraremos interessantes relatos de curas de enfermos realizadas pelos cristãos que haviam recebido o Espírito Santo.

Jesus, o Nazareno, transmitiu seu poder curativo aos apóstolos e através deles, a todos os crentes. Jesus autorizou-os a curar os enfermos do mesmo modo como ele o fazia.

Atualmente, existem muitas seitas que afirmam ter iguais poderes. Por exemplo, a Christian Science, que se estende por todo o mundo, sobretudo nos Estados Unidos da América do Norte. A Christian Science (Ciência Cristã) tem curadores por todo o globo que utilizam orações ou versículos bíblicos para curar os enfermos.

Na grande maioria destes casos trata-se de autossugestão, quer dizer, curam mediante um poder que existe dentro de nós mesmos.

Na França, um farmacêutico chamado Coué utilizou métodos de cura por meios distintos aos da medicina oficial e ainda houve muitas curas e também muitos fracassos. Coué tratou e curou casos de neurose, mas não logrou curar nem cegos, nem leprosos e não ressuscitou mortos, como fez Jesus, o Nazareno.

É curioso que Jesus para fazer estas curas pusesse a mão sobre a cabeça do enfermo, pronunciando determinadas frases como: "Levanta-te e anda". Cabe perguntar-nos aqui: sobre qual parte do corpo atuava Jesus? Sobre a cabeça, sobre o corpo material ou sobre o corpo espiritual?

Em várias ocasiões afirmou Jesus que temos um corpo animal e outro espiritual.

Se estudarmos as escrituras, vemos que somos um trio: um corpo material, uma alma e um espírito.

A ação curativa efetua-se sempre sobre o corpo etéreo, mas impelido pelo espírito.

A Bíblia diz que somente o corpo material é visível, enquanto que os outros corpos são invisíveis. Ou seja, geralmente os outros corpos são invisíveis, ainda que às vezes, o corpo astral ou alma possa materializar-se e aparecer como um corpo material, ainda que seja uma matéria astral.

Diz a Bíblia que temos um mundo visível e um mundo invisível. Nós, os Rosacruzes, podemos transformar o visível em invisível por meio dos rituais iniciáticos.

O visível é temporal e apenas o que não se vê é eterno, afirma a Bíblia. A Santa Igreja Gnóstica cultiva estas artes e ciências sagradas.

Todo Rosacruz deve possuir esta virtude curativa, mas na condição de que a cultive, de que aporte a paciência e constância necessárias para preparar-se em nossas escolas, para logo curar os enfermos. O discípulo que queira triunfar sobre as provas tem que submeter-se a certo asceticismo. Todos são convocados a abandonar seus hábitos, a submeterem-se às provas e a levar em conta que a limpeza do corpo é condição *sine qua non*.

No mundo médico costuma dizer-se que o médico não se faz, mas que nasce. O verdadeiro Gnóstico e Rosacruz vêm ao mundo com essas faculdades. Para poder curar o Rosacruz deve submeter-se a certos preparativos que em parte meus discípulos já conhecem por meus livros e cursos. Neles encaminhei meus alunos até às práticas com que se aumentam as forças curativas.

Tais correntes curativas foram denominadas "correntes ódicas", que podem ser visíveis no escuro, colocando as mãos estendidas uma de frente para a outra, sem se tocarem. Também lhes foi dado o nome de correntes magnéticas. Estas forças são acumuladas enquanto dormimos ou quando nos relaxamos durante o dia, deitado de costas. Neste estado consegue-se mediante o uso da concentração, já que ao concentrar-nos num estado de tranquilidade psíquica e relaxamento muscular, as correntes ou forças cósmicas penetram em nós. Estas são as correntes magnéticas que se convertem em força curativa.

Todos aqueles que pretendam curar um enfermo deverão primeiro preparar-se mediante exercícios respiratórios, que devem ser feitos com a mente fixa no desejo de que o ar entre no organismo para a criação de forças vitais. Ao mesmo tempo, devem ensinar o enfermo a fazer os referidos exercícios respiratórios rítmicos e que ao inspirar receba elementos saudáveis e vitalizadores e que, ao expirar faça-o com a intenção de expulsar toda enfermidade e impurezas.

O ar que respiramos deve ser considerado o princípio vital universal recebido pelos seres humanos como um "elixir de vida" ou quintessência dado pelo cosmos durante nossa existência terrena e que ao morrer regressa ao cosmos.

Não se trata aqui de um "elixir de vida," alquimista, senão o dos irmãos Rosacruzes, quer dizer, o Prana, que é uma essência interna íntima, elemento espiritual do ar.

Estes exercícios devem ser sempre rítmicos e ordenados, conforme o caso, durante 5, 10 minutos, meia hora ou uma hora, mas em todos os casos com o mesmo ritmo e as mesmas horas.

II. D. - O MESTRE J.B. Kerning disse: "Deus é Uno e um mistério religioso TriUno".

O homem é múltiplo nos seus aspectos. Só Deus é Uno. Ele se manifesta como unidade na diversidade do cosmos. Está representado no cosmos pelo elétron. Portanto, existe para nós uma dualidade: por um lado, o grande todo e por outro, o pequeno elétron, como parte integrante do átomo. A teoria dos quânticos faz-nos suspeitar ainda de outras divisões. Aqui cabe perguntar-nos se nestas regiões temos diante de nós a matéria ou se já nos encontramos diante do espírito.

Até agora os elétrons apresentaram-se como as menores partículas da energia elétrica.

Podemos indagar: O que é em si a eletricidade? A resposta seria é um fluído, uma energia que existe na natureza, mas esta resposta não nos satisfaz.

A única informação que temos até agora é que os elétrons são os transportadores, os expoentes da energia elétrica.

Então nos perguntamos: O que é a matéria? E a resposta imediata é que a matéria é apenas ilusão dos sentidos, pois ela não passa de uma vibração dos átomos e impulso dos elétrons.

Que o cosmos ou o Grande Todo seja de natureza eletrônica, ainda que se descubram novas divisões, é um fato que nenhum homem de ciência pode negar.

Não há mais do que uma realidade. E essa realidade é Deus, Deus onipresente, sobretudo em nosso interior.

Poderíamos dizer que nossa Terra e o cosmos são outra realidade, que se manifestam pelas partículas dos elétrons e que, todavia, como não tem um nome, designou-se então com o nome de "ES". Este nome "ES" nós o admitimos como a vibração própria dos elétrons. Sempre fazem parte dos átomos, que são diferentes.

Sustento que os átomos que constituem o coração, devem ter em seu interior, um número máximo de elétrons. Para mim representam a ponte entre o material e o espiritual. Afirmarmos que temos uma vida interna e outra externa. A interna é a que nos preocupa aqui.

Sabemos que os átomos formam moléculas, delas se formaram os corpos celestes, estes seguiram os sistemas estelares, a Via Láctea formou a célula e destas se produziram os seres humanos.

Estes seres humanos, ou seja, nós formamos por sua vez, famílias; grupos sociais, povos e estados.

O ser humano tem uma parte visível e outra invisível, denominada vida interna.

Se admitirmos que nosso espírito é parte de Deus, então é verdade que o EU pessoal não é idêntico ao EU espiritual. E se o espírito é parte de Deus, tem que sê-lo desde a eternidade.

O eu humano é produto da união da matéria com o eu espírito, a que chamamos alma. Se pegarmos uma flauta, esta por si só não produz música. O mesmo sucede com o homem. Não é somente corpo, nem somente espírito, senão um instrumento pelo qual se manifesta o espírito divino. Defendemos, portanto, a seguinte máxima: temos uma vida externa e muito além, uma vida interna, que é a causa e a base da anterior.

Supondo que se existisse um homem que soubesse todas as coisas de memória, que pudesse relatar-nos textualmente todos os clássicos, por exemplo, mas que não tivesse vida interna, então não valeria nada.

A faculdade de tratar enfermos não corresponde ao homem que tem todos os instrumentos farmacêuticos registrados na sua memória, pois todos são produtos materiais que pertencem à vida externa, senão ao grande médico que sabe valer-se da vida interna com todas as suas prerrogativas e poderes.

A ciência cerebral não é a chave para as coisas espirituais. Gernold, em sua obra intitulada "A última Lei", disse que cada enigma não descoberto é uma mancha no escudo da ciência.

Cada desgraça que sofre a humanidade pode considerar-se finalmente um fracasso dos homens da ciência.

A ciência trouxe-nos nos últimos séculos, a civilização tecnológica, não a cultura, e encontrou nas últimas guerras a confirmação dos seus fracassos.

Merecem maldição eterna estes instrumentos letais para destruir o homem que se utilizam nas guerras. As ciências abandonaram a natureza e converteram-se numa abominação que dá as costas por completo ao plano espiritual. Nós queremos viver no verdadeiro caminho. Disse Gernold que, "o reconhecimento final não está onde se encaminham os cientistas, senão de onde vêm".

Não vou, pois, dar neste curso, receitas científicas, senão algo que está muito acima delas. Quero ensinar aqui, em poucas palavras, a verdadeira arte de curar, de recuperar a saúde perdida.

Parece que o mundo é cada dia mais injusto e para voltar a chegar a uma vida digna, temos que apelar para a Divindade em seu expoente, quer dizer, na vida interna. Este "ES" que reside em nós. Isto não se consegue mediante frases e orações pronunciadas em voz alta, senão cumprindo o que disse a Bíblia, chamando a Deus, socorrendo-se nele e chamando-o pelo seu nome.

Quando Moisés perguntou ao Todo Poderoso com que nome deveria chamá-lo, Ele disse: "Jehovah". Se nos fixamos bem nesse nome, em muitos idiomas se escreve com "h" e em outros não, mas na realidade o som final é "IEOUA". Fica então: "Jeoua" ou "Ieoua", isto é, as cinco vogais de todos os idiomas naturais. Quer dizer, devemos chamar a Deus por meio das cinco vogais.

Estas cinco vogais combinadas com as diferentes consoantes produzem milhões de palavras. Falar antecede a pensar e este alcança todas as coisas imagináveis.

O conceito determina os indícios da imaginação. Pensamentos simples são aqueles nos quais os indícios e a imaginação são idênticos.

Toda força é movimento e todo movimento realiza-se no tempo e no espaço, sendo condicionado pela matéria e a forma. As forças absolutamente simples são aquelas em que a matéria e a forma são idênticas. Fixe bem em sua mente: essas condições simples levam em si as letras de todos os alfabetos.

O escritor Maçônico Kerning disse-nos: "Não são as letras materiais as letras mortas, senão que tudo se concentra no valor espiritual das mesma. É um expoente divino, o espírito que vive nas letras, sobretudo nas vogais e reside um imenso poder. Estas vogais são recursos da natureza, responsáveis pelos primeiros balbucios das crianças. Uma prova de que são uma manifestação do espírito humano é que quando uma pessoa se fura com um prego, exclama sempre com vogais". Isso significa que, as vogais, todo o alfabeto, o verbo, o Logos tem algo primitivo e sagrado.

Com elas podemos comunicar-nos com Deus. Os efeitos são diferentes, mas sempre grandes e seu fenômeno na Igreja Gnóstica é sobressalente. (Iao). Deus que deu a linguagem ao homem, fala-nos pelas letras e por meio delas, falam-nos através dos escritores.

Deus, porém, comunica-se conosco por meio de toda a natureza. Pela flor, pedra e seus cristais, pelas fontes, nas estrelas, pelo firmamento, no mar e na terra.

Através da mudança das estações do ano, da passagem do dia e da noite, do sorriso de uma criança, enfim, está conosco em tudo, na intimidade do movimento.

Cada movimento tem seu caráter específico. As formas singelas, geralmente de caráter e forma simples, mas de divina importância, são as letras do alfabeto.

Se quiser formar uma ideia do que é o alfabeto, desde o ponto de vista científico, abra a enciclopédia. É possível encontrar com alguns artigos linguísticos sobre esta ciência. Ilustrações como atuam os lábios, os dentes, o palato, a língua, as fossas nasais, a glote, as cordas vocais e a traqueia.

Simbolicamente podemos imaginar que Deus é a deidade sempre onipresente no espaço.

A palavra "Logos" é o poder com o qual se manifesta. E esse poder, essas forças residem nas letras e no espírito do alfabeto. O caráter das letras é espiritual e individualiza-se por meio da palavra. Tudo o que vemos é uma espécie de palavra de Deus, que se manifesta em toda a natureza, no raio, no trono.

Podemos simbolizar o Pai como a matéria-prima, ou melhor, como o elemento essencial ou causa da matéria-prima e todas as forças representam na sua aplicação, o Filho.

Todo o movimento reside nas letras e o espírito é o caráter específico do movimento. Nas letras reside toda a vida interna, é a estabilidade da Deidade.

Enquanto tudo muda nas formas e seus componentes, as letras permanecem imutáveis, não sofrem trocas, salvo entre si com as consoantes. Neste mundo temos que aprender todas as coisas. Nossa vida sobre a Terra é somente uma aprendizagem e soletrar não constitui uma exceção.

Assim como a criança pronuncia as vogais inconscientemente, ao surpreender-nos com suas primeiras palavras, assim nós temos que começar a soletrar todos os atos da nossa vida. Geralmente as crianças falam inicialmente vocábulos simples.

Nós, que temos de aprender muito das crianças, temos de começar também a soletrar de forma interior, pois desta maneira, o soletrar reside numa lei fundamental da vida.

Os que meditam, por exemplo, retiram-se na solidão para guardar-se em silêncio. Nós não nos impomos esta obrigação, senão que com as letras, as vogais, atuamos sobre nossa vida interior.

Conhecemos certos exercícios, experimentados há séculos, que são feitos com as vogais e cujo o objetivo é desenvolver as referidas forças mágicas, que podemos transmitir aos enfermos para curá-los, muito a miúdo, quando a ciência médica secular fracassou.

Não quero dizer com isso que os enfermos não devam procurar um médico. Seria plausível que os doutores aplicassem além dos seus sistemas materiais, os métodos sagrados da Igreja Gnóstica.

Se o médico é um homem de sentimentos religiosos, atuará como um sacerdote e aconselhará aos familiares que ajudem o enfermo por meio das orações.

Este curso complementa-se com meu livro, publicado pela primeira vez em 1930, "Logos, Mantra, Magia", pelo que aconselho sua leitura simultânea.

O caminho até a vida interior requer, para dar condições de Templo, à residência de Deus, quatro colunas:
Verdade,
Sabedoria,
Beleza e
Força.

Mas para desenvolver estes elementos é preciso harmonia. O corpo humano que um dia saiu harmonioso das mãos do criador converte-se por culpa nossa em um conjunto desarmônico. Portanto, é nosso dever restabelecer e recuperar essa harmonia que reside na vida interior e que reage a mais leve chamada.

Com toda segurança, os átomos que fazem parte das células cerebrais são mais harmônicos do que os que constituem a parte atômica das plantas dos pés.

Todas as sociedades iniciáticas fazem essa indicação aos neófitos. Para conduzir praticamente à harmonia devemos pensar no I.

Se estamos sós devemos pronunciá-lo e ao mesmo tempo, transportá-lo mentalmente do cérebro até o coração e lentamente passar por todo o organismo e finalizar nos pés. Deve fazer-se isto todos os dias numa hora fixa. Primeiro com o I, a seguir com o E, e em continuação com a letra O e o U e, por último com o A. Desta forma, possibilitamos a passagem do o sacrossanto nome de Deus, seguindo sempre a mesma rota.

Estes exercícios devem ser combinados com a meditação, à medida que se avança no desenvolvimento. Já em cursos anteriores ensinei como se pensa plasticamente: projetando uma figura qualquer na parede, por exemplo, um cubo, um triângulo, uma cruz. Logo, as vogais serão escritas, em seguida o alfabeto e continuando as palavras e frases para transmiti-las aos nossos semelhantes. Recomendo, pois, a todos os discípulos estas práticas, rogando-lhes que informem sobre os progressos obtidos e sobre as dificuldades que encontram.

Quero dizer-lhes finalmente que cada ser humano tem sua vogal e que todos que façam os exercícios acima descritos, descobrirão a que lhes corresponde.

III. D. Tratarei agora de fazer compreender aos discípulos a importância que tem a alma, já que a ação do médico deve exercer-se sobre esta.

Depois de praticar a vocalização, devem trabalhar com o fogo "Kundalini", e assim serem introduzidos na magia prática, no hipnotismo e no exorcismo.

A alma tem muitas denominações: corpo astral, duplo etéreo, etc. Os Rosacruzes alemães a chamam de Doppelgänger. Este nome é geralmente aceito pelos ocultistas, entre eles, Blavatsky, que também o denomina com o nome hindu *Linga Sarira*.

O referido nome, traduzido, significa "corpo fluídico", "corpo diurno," "corpo invisível", "corpo vital", "protótipo", "duplo etéreo" e em certas sociedades espíritas, "corpo fantasma".

Concordamos com a senhora Blavatsky, que nos revelou: este corpo possui a mesma forma que o corpo físico, é um acumulador e veículo de vida (Prana), que dirige correntes fluidas, distribuindo-as regularmente conforme as necessidades do organismo.

Os gregos chamavam-na Eidolon, sendo precisamente o fator principal em que repercutem as enfermidades e mediante a ação sobre elas podem provocar-se as crises curativas, atuando como manancial curativo quando nosso corpo físico sofre de alguma doença. Tantas denominações para designar o mesmo ente são a prova da importância e do interesse que tem a alma e também de que sempre se duvidou da sua ação.

Todos os livros sagrados proclamam-na como base e constituinte de sua religião. De fato causaram muitas discussões, quando a ciência e a religião quiseram indagar sobre este tema tão importante. A nós, os Rosacruzes e Gnósticos, interessam-nos todas estas discussões e, sobretudo as explicações da Bíblia, mas devemos advertir que há muitos séculos antes do nascimento do Nazareno, já existia um grêmio de homens chamados "gnósticos" que viam este problema numa espécie de síntese, que reuniram sob o nome de "*Pistis-Sophia*". Pistis, significa em grego, fé.

Sob este nome o registraram todos os dicionários, como essência de todas as religiões. Sophia é a essência mesma, ou melhor, dizendo, a Sabedoria no seu aspecto profundo.

Cremos que nossa missão nesta Terra é adquirir conhecimentos e reunir em nosso interior a fé e a sabedoria, a "Pistis-Sophia" com relação à alma.

Os sacerdotes de todas as missões cristãs buscam seus conhecimentos nas universidades e estes colégios superiores ensinam a lógica, a estética, a metafísica, a pedagogia e, sobretudo a teologia. Mas é sabido que a maioria dos estudantes sai insatisfeita destes centros do saber. Muitos homens de ciência tornam-se materialistas e causa pena que se encarreguem de divulgar o que a sós, com sua consciência, não o creem. Quando mais tarde, pretendem decifrar aspectos e relacionamentos das manifestações que se observam no tempo e no espaço, encontram-se, por um lado, frente às leis explicadas da natureza, que não necessitam ser creditadas porque se veem frente às incógnitas que surgem por toda parte, as quais, chamamos de milagres.

A ciência nos logrou dentro de um fundo compacto negro, um círculo branco que representa todo o conquistado, mas à medida que a parte branca aumenta, dilata-se mais o círculo negro radiante, isto é, apresentam-se cada vez mais, novos problemas sem solução.

Se os médicos estudassem os espiritualistas e, sobretudo a ciência Rosacruz, meditando realmente sobre estes fatos que parecem simples, se convenceriam de que existe um método inigualado, uma verdadeira panaceia universal, algo que bem aplicado nunca falha, quer dizer, a "alma".

A alma é o conteúdo do corpo e o cuida quando encontra-se enfermo. Esta ação, chamada geralmente cura, mediante forças curativas residentes em todos os seres, é a que permite curar a pobre gente abandonada nos povoados distantes, onde não há médicos nem curandeiros. Estas curas espontâneas não são mais do que manifestações da alma, que assim como fortalecem e renovam o corpo, curam-no quando padece algum mal.

Vamos explicar um pouco do que os hindus denominam Kundalini. A senhora Blavatsky afirma que o Kundalini é o poder de vida, o que engendra certa luz e que atua naqueles que dispõem-se a oficiar como médicos redentores, desenvolvendo uma força curativa, quer dizer, a alma. É designado pelos hindus como o poder serpentino ou espiral, poder divino, latente em todos os homens, como disse Vivekananda, o princípio universal da vida cósmica, que se manifesta por todas as partes da natureza.

A eletricidade e o magnetismo, dizem os orientais, não são mais do que manifestações dessa luz chamada "Kundalini". Herbert Spencer chama-o "Poder Ígneo" e assegura que realmente os iniciados da Índia possuem o referido poder.

A Senhora Blavatsky fala-nos desta força, definindo-a como a essência da eletricidade. Denomina-a "Fohat" ou "Luz Astral", que para os herméticos significa força vital universal, com a que se logra realiza grandes portentos. Temos, pois um novo complemento da vocalização na força Kundalini.

Antes, porém, devemos dar algumas explicações a mais sobre os componentes da alma. Blum define-a como uma substância espiritual que é o *anima mineralis*, em outras palavras, os elementos químicos da alma vegetativa, resultante dos organismos vegetais que unidos noutro expoente animal, tem sua ação na alma sensitiva.

Sabemos que o espaço está composto de certa substância a qual chamamos de "éter". Na realidade é uma força que chamamos luz "astral", cuja composição é da mesma natureza que o próprio espaço.

Esta "*psique*" ou alma é um organismo invisível de substância espiritual, localizado no prolongamento da medula espinhal, no cerebelo, de onde irradia as extremidades e, sobretudo aos olhos, expandindo para exterior, forças etéreas que nos dão o poder para transmitir vida no poder espiritual. Já Platão tratou de explicar-nos as forças espirituais e as da matéria inerente, que atua sobre a alma sensitiva, que controla por último, a consciência e a vontade.

A Igreja gnóstica ensina o que disse Goethe: "A alma não só constrói o corpo, mas o cura quando este se encontra em desarmonia ou atacado de enfermidade."

Podemos ver as manifestações da alma por todos os lados, sobretudo à cabeceira de um enfermo, ou ainda melhor, no estado de sono, pois na vigília é mais difícil de ser observada.

É importantíssimo possuir conhecimentos sobre esses assuntos e o que ocorre durante o sono. As obras que se consultam, dizem, todavia que o sono é um mistério. Afirma-se que o mistério reside na religião verdadeira que é inacessível à razão e, portanto é matéria de fé. Isto é, trata-se de algo oculto ou arcano que não se pode compreender, nem explicar. Nosso dever é precisamente decifrar tudo o que seja misterioso, vencendo o inacessível.

Não devemos abandonar o incompreensível ao nosso entendimento. Para isso, devemos continuar meditando até vencer. Vamos agora abordar um pouco da magia prática ou empírica.

Sabemos que o verdadeiro "hermético" deve conhecer o que se refere à ciência "Rosacruz" que também se relaciona com a magia empírica.

A magia, como se sabe, foi precursora de todas as religiões. Ninguém nega esta afirmação.

Já vimos que nos valemos de símbolos para fazer as definições. Volto a insistir que é preciso prestar atenção às Sagradas Escrituras que afirmam que somos um Templo de Deus.

Quando o homem tentou representar seu corpo (Templo) em forma de pedra, construiu igrejas e catedrais, mas sempre empregando o símbolo.

O círculo, por exemplo, é o símbolo do Universo e o Mago, para realizar sua obra, coloca-se no centro de um círculo que representa o cosmos. Desta forma reduz o Universo a um círculo acessível à sua mão e protege-se das más influências.

O Mago dentro do círculo representa o grande arquiteto do Universo.

O Mestre Therion ensina-nos que nem sempre o círculo é imprescindível, senão que também pode servir qualquer figura geométrica para o mesmo objetivo. O importante é que o operador esteja isolado e protegido.

Temos conhecimento que o círculo representa a unidade do Universo e do equilíbrio que deve estar durante a operação. Então o mago traça no centro o "Tau" dos gregos ou a cruz gamada dos antigos maias ou dos indostãos. O "Tau" rodeado do símbolo

Rosacruz, as sete rosas encima da Cruz significam a união do sujeito com o objeto, representado também o "Yoni- -Lingam".

Nos países da América Latina, a maioria das tribos saúdam-se com palavras que contêm as vogais I, O, A, ou as cinco: I, E, O, U, A. Foi emocionante para mim o momento em que meu iniciador deu-me o nome de Huei- Racocha, em que se encontram claramente as cinco vogais. A língua basca, cuja origem se perde na noite dos tempos, denomina Deus com a palavra Jaungoika.

Nas minhas viagens de estudo pelo Oriente, visitei, quando pude, as mesquitas e vi que os Almuadens sabem muito dos mantras, quanto a sons e entonação.

Em Constantinopla, um desses sacerdotes não encontrou inconveniente em me ensinar a pronúncia das palavras sagradas da sua religião. Ao fazer estes exercícios, é possível sentir um doce sussurrar. Ao aplicar a mão com os signos sobre os enfermos, é conveniente fazê-lo sempre sobre as partes afetadas. Meus Mestres foram Eliphas Levi e Papus e graças a eles pude decifrar os arcanos da Magia.

O doutor Hartman ensinou-nos na Alemanha, a parte esotérica da Bíblia e da Igreja Cristã.

Outro Mestre que exerceu grande influência sobre mim, foi o Mestre Therion, que me presenteou com sua obra *Liber Aleph vel CXI*. Therion e Reuss foram os Mestres do doutor Steiner, de quem fui discípulo predileto. É indispensável ao taumaturgo a mais perfeita pureza de intenção, pois lhe faz falta para dispor de uma corrente favorável e confiança ilimitada em si mesmo.

Quando o iniciado diz: "Quero", é Deus quem diz e então todo o ordenado se realiza. É a ciência e a confiança no médico dá valor à medicina e não existe outra medicina eficaz como a taumaturgia.

Na taumaturgia são usados o sopro quente e o sopro frio, conforme nos explica, Eliphas Levy. Ele também confirmou nossa própria experiência com a insuflação quente e prolongada, técnica que restabelece a circulação do sangue, cura as dores reumáticas e de gota, recupera o equilíbrio dos humores e elimina a lassidão.

A insuflação fria aplaca as dores que têm por origem congestões e acúmulos fluidos. Esta se faz a maior distância, enquanto que a quente aplica-se diretamente sobre o corpo. Às vezes, é necessário alternar ambas as insuflações conforme a polaridade do organismo humano e atuando de uma maneira oposta sobre os polos que se submetem um após outro, a um magnetismo contrário. Por exemplo, para curar uma conjuntivite ou inflamação do olho, será preciso insuflar suavemente ar quente ao olho para realizar insuflações à distância e frias em proporções exatas às quentes.

Os médicos, que conheci e que me ensinaram, eram naturopatas, ou seja, valiam de todos os recursos da hidroterapia, ginástica médica e exercícios respiratórios. Estes últimos são os meios mais eficazes para o taumaturgo e o mesmo podemos dizer da osmoterapia. As extremidades dos dedos irradiam a luz astral e a aspiram à vontade.

Os passes magnéticos sem contato são um sopro ligeiro e simples. O contato agrega ao sopro a impressão simpática e equilibrante.

Não se necessitam grandes estudos para ser taumaturgo. Eu mesmo testemunhei, inclusive analfabetos, atuando como xamãs nas tribos indígenas, os quais logravam curas milagrosas. Repito que o taumaturgo não necessita ser sábio, pois não esqueçamos que o saber humano requer para sua existência a memória e, esta se acaba com a velhice, segundo Levy. É passageira, não eterna. Se fosse necessária a ciência para a vida interna, nós faríamos com que milhões de seres, fossem injustamente castigados pelo destino. Sabendo que por meio da vocalização obtemos o despertar dos poderes internos, técnica que devemos aprendê-la e praticá-la.

IV D. A partir daqui vamos expor algo da taumaturgia prática, mas antes vou contar uma história. Próximo de Meca, vivia um ermitão chamado Bem Chasi, que tinha a missão de instruir Maomé em todos os segredos da natureza. Quando o profeta chegou aos 30 anos, seu Mestre entregou-lhe uma placa metálica na que estavam gravados os signos dos segredos iniciáticos. Estes signos aparecem, ainda que de maneira encoberta, no Alcorão e na Maçonaria turca. Os cruzados ao voltarem do Oriente, trouxeram à Europa, signos semelhantes procedentes indubitavelmente da antiga cultura egípcia, cujos vestígios se encontram em todo o Mediterrâneo e que subsistem na Maçonaria.

Desafortunadamente, o sentido oculto e sagrado ou esotérico dos mencionados signos foi perdendo-se pouco a pouco pelo seu uso rotineiro. Abul Beka, o primeiro califa, herdou a placa já citada e verbalmente foram-lhe comunicadas as chaves do seu saber oculto. O califa convencido de que a divulgação desta ciência secreta poderia produzir grandes danos em mãos profanas, obrigou todos os doutrinados, sob juramento, aguardarem o mais estrito silêncio. Por motivos que não vamos expor aqui, a Maçonaria foi sempre perseguida e a prova disto deu-nos o hitlerismo.

A Maçonaria alemã encontrava-se constituída por elementos seletos da sociedade. Os maçons ricos foram despojados das suas fortunas e enquanto alguns gemiam nos campos de concentração, outros eram condenados a sofrer miséria.

Os Templos Maçônicos foram embargados, fechados, profanados e destruídos sob qualquer pretexto. As bibliotecas particulares dos maçons foram revisadas, entre elas a minha, uma das mais seletas e confiscadas todas as obras que tivessem alguma relação com assuntos místicos ou religiosos. Obrigaram-nos a apresentar-nos diariamente à polícia para dar conta de que não havíamos fundado secretamente nenhuma loja.

Com todos os objetos roubados organizaram-se exposições "ilustrativas" nas quais um ignorante permitia-se dar explicações estúpidas sobre o sentido dos objetos expostos.

Publicaram todos os catecismos e rituais, sendo o autor mais citado Leo Taxtil. Por todas as razões, hoje seria ridículo pretender ocultar o que já é de domínio público.

A seguir vamos descrever os signos:

1. Feche o punho com a mão direita e depois estenda horizontalmente o dedo indicador. Invoque neste momento as forças divinas para que abençoem e ajudem a ação taumatúrgica. A seguir, levante a mão de forma que o indicador aponte o céu. Ao fazer isto, pronuncie a vogal I, repetindo-a mentalmente.

2. Mentalize a vogal A, enquanto posiciona a mão horizontalmente, de forma que o polegar fique estendido para cima e forme um ângulo de 90º. Ao fazer isto, se alguém já treinou com a vocalização, sentirá dentro de si a referida vogal.

3. Una as pontas dos dedos polegar e indicador, de forma que forme a vogal O. A vogal I significa o EU; a A quer dizer dois íes, formando um ângulo significam a humanidade e a O, isto é, o círculo, representa o cosmos. Em todas as religiões, estas três letras são os signos raízes de todos os mistérios.

O Mestre Persival estudou nos tempos do Egito estas chaves, das quais dou apenas alguns detalhes.

Todo homem deverá consultar em primeiro lugar sua voz interior, que se tornará cada vez mais clara, quanto mais a pessoa se exercita na vocalização.

Nosso espírito é parte de Deus e está em contato com Ele. Por isso, a alma tem a faculdade de conhecer e saber tudo que o homem necessita. Não temos mais que identificar-nos com a referida vida interna, com a qual podemos resolver todas as nossas dificuldades. Nossa missão na vida é reunir a Pistis com a Sophia, o que podemos alcançar através da meditação, a respiração e, sobretudo, a vocalização. Esta vocalização é a que nos faz autênticos taumaturgos.

V. D. Os tibetanos conhecem a existência da célula e a consideram um organismo isolado consciente. Sabem que nosso organismo está constituído por grupos celulares que adquirem formas sempre diferentes: por um lado são produzidas pelo impulso do crescimento e desenvolvimento interno e por outro, pela influência do ambiente sobre o qual reagem, adaptando-se posteriormente. Estes dois impulsos fazem com que não se interrompa a criação das células e a formação das colônias, desenvolvimento que se inicia no seio da mãe com a produção de tecidos, músculos, ossos, nervos gorduras, etc.

Para existir a célula necessita dos seguintes itens: espaço, calor, ar, terra e água. Esses são os elementos citados na Rosacruz e na Gnose e representados em cada uma das vogais do nome I, E, O, U, A. O espaço condiciona a existência para tudo. Sem ele não haveria movimento. E nele existem todos os poderes; explica-se a existência da luz, das cores e, sobretudo do equilíbrio da temperatura do corpo.

Para os tibetanos o calor implica em fogo e bílis. Quando se referem ao ar, ao fogo e à água não o fazem de um ponto de vista material, mas espiritual, como se ditos elementos fossem espírito e não matéria. Os reinos animal e vegetal formam um laboratório físico e psíquico.

Quando os tibetanos falam do ar, não citam o atmosférico, mas sim, o espírito ar. O mesmo acontece com o fogo, cujo a referência é o espírito que anima as fontes de calor e não ao Sol ou às substâncias materiais que produzem o mencionado calor.

Nestes três elementos de ar, fogo e água, que são para os gnósticos as letras I, A, O, base dos nossos mantras, reside a chave da taumaturgia.

Estes elementos, juntos com a terra, existem dentro de nós e devem ser levados em conta para a ocorrência da cura.

Os tibetanos empregam um método de massagem denominado "Mão dedo / Operação seca" que por meio de fricções e golpes conseguem-se boas curas. Para uma melhor eficiência podemos contar com o uso das ervas medicinais e da vibração mental mântrica.

VI D. É de grande relevância que aquele que cura domine completamente o conhecimento do organismo, sobretudo do sistema nervoso, pois é o mais importante sistema do corpo.

Hahnemann nos ensinou a homeopatia, que se baseia na administração em doses mínimas das mesmas substâncias que em grandes doses produzem a enfermidade.

Os Mestres taumaturgos que encontrei, eram todos homeopatas. O doutor Rudolf Steiner, meu Mestre em taumaturgia e um dos homens sábios mais ilustres do século, foi secretário da sociedade teosófica, da qual se separou por não encontrar entre os que figuravam na referida instituição, pessoas capazes de assimilar seus ensinamentos. Fundou então a sociedade antroposófica e as escolas Waldorf. O mais interessante do seu trabalho pedagógico foram suas conferências médicas, que me serviram de grande estímulo.

Não devemos depreciar nenhum método que estuda o nosso EU. O corpo humano pode ser estudado pela ciência médica. Dentro do corpo material visível há entidades invisíveis que os hindus chamam "kama rupa" e que segundo Hartmann, são elementos que se encontram entre as formas materiais e o corpo principal, etéreo e substancial, invisível em circunstâncias ordinárias.

Os taumaturgos podem alcançá-los e mediante exercícios especiais, separar-se do corpo material, transladando-se assim a grandes distâncias e atuar sobre o corpo físico próprio ou sobre o do paciente, conforme as circunstâncias.

No interior do ventre há três órgãos: fígado, vesícula biliar e baço. A medicina ainda precisa resolver grandes questões em relação à existência e função destes três órgãos que, desempenham um papel importante e decisivo em nosso organismo.

A ciência oculta provou, baseando-se nos fenômenos observados nos órgãos citados, que existe uma conexão estreita entre microcosmos e macrocosmos.

Os antigos tratados de astrologia apontam que Mercúrio rege nossos nervos e o sistema nervoso em geral, assim como o fluido vital que surge dos nervos e que percebem os videntes; a Lua rege o sistema simpático; Júpiter, a circulação arterial; Marte, a venosa; Saturno, as substâncias minerais depositadas em nosso organismo e o Sol, o oxigênio. O médico, portanto, deve conhecer todas estas relações, para poder ter êxito em suas curas.

Os hindus revelam que o corpo vital tem a missão de atender às relações existentes entre o corpo e a alma. O médico obstinado sustenta que a alma é uma invenção, mas se fosse um pouco observador, perceberia a existência de algo imaterial e teria de aceitar, ao menos, o aspecto mais elevado do panteísmo, que sustenta que toda matéria dotada de vida. É a única escapatória que resta ao materialismo e às absurdas concepções antropomórficas dos monoteístas.

Quando na prática médica observamos todas estas coisas que acabamos de expor, surge uma espécie de veneração pela natureza humana. Quem, como filósofo investigador, não for capaz de sentir a dita veneração, terá os olhos sempre fechados a todos os mistérios que se relacionam com a natureza humana.

Einstein, o grande físico e matemático, disse que tudo o que fazemos está predestinado e que esta predestinação é universal, pois todo ser encontra-se predisposto a atuar de um modo determinado. Quer dizer que, nós, seres humanos, bailamos ao som de uma música secreta, estimulados por uma melodia, cujo autor podemos sentir e que sabemos que existe, sendo responsáveis perante Ele de tudo quanto façamos.

Isto nos convida a meditar profundamente e acreditar que essa lei interna atua desde o cosmos sobre nossa alma. Vamos focar agora, em nosso organismo, no que se relaciona à alimentação e à nutrição, o que é de capital importância.

Nosso corpo esquematicamente é como um sistema de tubos, pelos quais passam os alimentos desde a boca até o estômago e os intestinos e dali até o sangue que distribui os corpúsculos por todos os órgãos.

Os alimentos proporcionam as forças imprescindíveis para restaurar nosso corpo, dotando-o das reservas necessárias para os casos extraordinários.

Podemos dividir os alimentos em assimiláveis e combustíveis ou, como disse Liebig, em plásticos, respiratórios e termogênicos. Tudo o que ingerimos, converte-se em parte do nosso organismo. Os alimentos no seu percurso, desde a boca até a última estação, depositam certas substâncias que serão transformadas posteriormente.

VII D. O holandês Langevald escreveu em 1930, uma obra sobre o conde Saint Germain.

A leitura deste livro convence-nos de que o rumor propagado por membros de diversas ordens de que os nomes Saint Germain, Cagliostro e Roland correspondem a uma mesma pessoa e que esta é a do grande político Francisco Rakoczi, fundamentando mais a afirmação.

O livro citado foi introduzido na Alemanha e traduzido em alemão, não creio que tenha sido em espanhol. Caso existam traduções do mesmo, aconselho-as como leitura aos meus discípulos, para que se convençam de que o Mestre e guru Rakoczi valeu-se de outros nomes para atuar e aparecer diante dos homens.

É significativo que a obra se intitule Saint Germain e que, não obstante, ao longo de toda a leitura fale quase exclusivamente de Rakoczi, fazendo-nos desta maneira compreender que, na realidade, trata-se de uma só pessoa. Rakoczi dominava a faculdade de desdobrar-se no astral, aparecendo desta forma aos proeminentes Rosacruzes e em outras ordens.

Está conectado com o centro oculto da Grande Fraternidade Branca do Himalaia; não há para ele, nem tempo, nem espaço e sua missão não foi interrompida até hoje. É o representante da Fraternidade Rosacruz e guru de muitos dos dirigentes desta Fraternidade.

Os teósofos estavam muito satisfeitos por ter havido contato com o grande guia espiritual dos Rosacruzes. Seus biógrafos modernos apresentam-no como uma personagem enigmática, mas a maior parte das suas biografias são desvairadas e extravagantes. Alguns o consideram um espírito misterioso encarnado, outros, um judeu alsaciano. Qualquer que fosse seu nome teria o direito de usar o título de conde de Saint Germain, pois possuía uma propriedade chamada Saint Germain, no Tirol italiano e pagou ao Papa seu título nobiliário.

A primeira aparição que presenciei foi quando me encontrava na França, como discípulo de Papus. Desde então não me abandonou. Aparece-me sempre que o chamo ou quando me vê em perigo. Estou seguro de que protege a todos aqueles para os quais solicitei sua proteção.

Em todas as minhas lições ensinei que para alcançar a salvação dos enfermos, há de valer-se de tudo; desde o exercício respiratório e a vocalização até o conjuro dos espíritos. Quanto melhor preparados estejamos, melhor atuarão estes em nosso favor. Para os grandes iniciados não há nem espaço, nem tempo.

A magia cerimonial, a qual utilizada por Papus, Eliphas Levi e outros Mestres, apresentada em seus livros, não são sempre a única maneira de fazer conjuros relatados.

Muitas vezes basta apenas uma oração fervorosa para que se materializem os referidos seres diante da nossa vista. Quando não bastarem nossas físicas, necessitamos pedir socorro a estes Mestres maiores do Invisível, os quais podem viver conosco, ou seja, em um meio social humano.

Podemos também invocar os anjos, que apenas estão em estado metafísico ou astral, ou atuar sobre ambos, como Rakoczi.

Se já existe contato com estas entidades e delas recebemos instruções, surpreende-nos às vezes, que os encargos que nos dão sejam inexplicáveis. Então devemos dizer a nós mesmos que eles sabem muito bem porque o fazem.

Meus discípulos sabem que ocupar-se com estes atos traz consigo perseguições, incompreensão e calúnias.

Estes fatos sucederam ao Mestre Therion e a outros iniciados, sendo alguns, inclusive caluniados depois de mortos. Todos os seres vivos têm seu anjo que se encontra em contato com nosso ego interno.

Portanto, necessitamos aprender a forma de evocar ou conjurar o anjo. Chamamos naturalmente antes de tudo ao nosso próprio anjo. Porém, às vezes, a intuição nos diga que devemos chamar, em caso de apuro, a outros seres espirituais, propícios naquele momento para nosso caso especial.

Algumas vezes, a evocação dos anjos é um fenômeno de magia e a invocação dos seres inferiores ou demônios pode ser considerada, de modo geral, magia negra. Devemos combater a magia negra, pois todos estes seres misteriosos nunca ficam satisfeitos e prosseguem sempre molestando o operador.

Devemos estudar as obras de Eliphas Levi, Papus e Therion. A magia não é algo simples como muitos acreditam. É algo muito sério que necessita perseverança além de possuir um Mestre que dê a graça e o poder de evocar um anjo.

Muitas vezes, alguns autores, como Therion, parecem que zombam de nós ou pretende inclinar-nos para a magia negra. Não devemos ser críticos com isto, pois o caminho que se há de seguir, é o da oração plena de fé, dirigida ao Espírito Santo, para chegar a compreender que não pode haver magia negra sem magia branca e vice-versa.

A magia é um poder misterioso que deve realizar-se em nós e que, portanto, é inexprimível. Devemos ater-nos, portanto, ao silêncio e depois é quando atuam e aparecem os anjos.

O médico taumaturgo necessita conhecer estas matérias para ter êxito em suas curas. É necessário que antes de tudo, comece a purificar-se a si mesmo por meio da penitência e da oração.

VIII d. O ser humano é como uma pilha elétrica e assim como a pilha constitui-se de metais e substâncias químicas conhecidas. Portanto, nosso corpo tem condições semelhantes para criar o fluido elétrico e produzir o magnetismo.

Sabemos que uma pilha possui certa potência de energia, que pode multiplicar-se progressivamente mediante a adição de outras pilhas. Considera-se a eletricidade física como vital e o magnetismo, animal.

Hartman disse que o Spiritus animalis ou espírito vital é um princípio tomado dos elementos de tudo que é vivo e de tudo que assimilamos como alimento. Este espírito pode ser comunicado por meio do magnetismo.

O poder animal é também potência astral, por cujo meio se executa a vontade dos princípios superiores do homem, no plano sensitivo e material. Isto é o que chamamos instintos.

Quando o taumaturgo põe a mão na cabeça do enfermo, magnetiza-o, comunicando-lhe fluido vital.

Muito se falou e se escreveu sobre o magnetismo como força de atração e repulsão. Na medicina fala-se com referência aos órgãos sexuais, do magnetismo positivo e negativo, quer dizer do ativo e passivo.

Nos últimos decênios, tem-se acompanhado que as forças ódicas ou o fluido vital reagem ante as forças sexuais.

Quando o varão toca pela primeira vez numa jovem, sobretudo quando a beija, ambos, principalmente a mulher, experimentam uma grande excitação emocional, que já não se apagará jamais da sua memória, sobretudo quando vem acompanhado de um verdadeiro amor. É de nosso conhecimento casos de mulheres de certa idade que, por permanecerem solteiras, emagrecem e até enfermam e que quando conseguem casar-se, mudam imediatamente de aspecto, florescendo, por assim dizer, a uma nova vida.

No homem notam-se também fenômenos semelhantes. Por exemplo, há casos em que o homem tem o rosto e o pescoço cheios de acne, enquanto permanece solteiro e quando se casam desaparece completamente.

O corpo humano é hermafrodita, em outras palavras, possui glândulas e hormônios de ambos os sexos. Da mesma forma, temos também fluido elétrico e magnético. Geralmente o polo positivo, que representa o varão, é o doador e o negativo que representa a fêmea, é o receptor. Porém, não é assim de um modo absoluto.

Há momentos em que a operação muda e então a fêmea é a doadora e o varão, pelo contrário, o elemento receptor. Assim se explica a troca experimentada em seus corpos quando se casam.

Existe um método chamado Carícias, que é a arte de fomentar o amor conjugal, mediante um contato físico, corporal, inteligente e estudado, para conseguir assim uma potência mágico-magnética, necessário ao taumaturgo para suas curas.

O cristianismo santificou o matrimônio elevando-o à categoria de Sacramento.

O matrimônio significa no seu sentido íntimo, a Cópula, sendo esta, portanto, um Ato Sagrado; poderíamos dizer como os antigos gregos, que é um sacrifício no Altar de Vênus.

Já dissemos que tanto o homem como a mulher, experimenta uma melhora no organismo, quando contraem matrimônio. Isto prova que o fluido elétrico e o magnetismo que produzem ao se por em contato os dois corpos, isto é, ambos os polos, são fontes de forças curativas no plano físico. Nos planos superiores são correntes de forças mágicas, quer dizer, um poder que estimula o mago, ou em nosso caso, o taumaturgo.

No referido momento define-se o homem como entidade pura ou angelical ou como entidade material ou animal, que se guia somente pelo instinto. Neste caso pode dizer-se se o homem é um mago branco ou um mago negro.

Um ato tão importante e transcendental necessita como é natural, certa preparação, quer dizer, deve ser precedido de carícias exaltadoras, tanto do corpo como da alma, para que a cópula se consuma no seu grau supremo ou sublime.

Aqui, porém, não está o prêmio, como muitos creem a sensação voluptuosa do orgasmo. A introdução do sêmen na vagina não tem outra missão, senão a de procriar. Os animais ensinam-no isto, realizando o ato, somente na época do cio.

À medida que vão aumentando as carícias, as forças magnéticas do nosso organismo crescem até chegar a um ponto culminante e o orgasmo que segue não é outra coisa senão a descarga de todas elas. Mas se o homem consegue dominar-se, evitando tenazmente o orgasmo, conservará todas as forças magnéticas acumuladas no seu corpo.

O mago ou taumaturgo deve realizar exercícios já citados de magnetização para poder apresentar-se diante do enfermo carregado de energia sexual, que transmitirá ao paciente, fazendo reagir assim, o organismo enfermo.

Fisiologicamente a mulher não necessita de forma imprescindível do orgasmo; são ainda mais necessárias as carícias.

O ato sexual não pode consumar-se com frequência sem que cause estragos em nosso organismo. As carícias, pelo contrário, podem ser esbanjadas diariamente sem que, nosso organismo se ressinta, senão que, por meio delas, frua e acumule, cada vez mais, força sexual ou magnética em nosso corpo, o que anima suas reações curativas.

Sabe-se que muitos matrimônios, muito felizes a princípio, chegam a cansar-se, distanciando os cônjuges cada vez mais, por contar do abuso das relações sexuais com orgasmo de forma rotineira e animal.

As forças mentais mágicas desenvolvem-se de forma gradativa com as carícias e o organismo prepara-se na criação no acúmulo da referida força, para retransmiti-la durante o contato com o paciente.

O taumaturgo deve por mão na região do plexo solar do paciente ou sobre a parte afetada. O procedimento é o mesmo que utilizado pelos os sacerdotes católico que praticam o celibato.

A mulher goza muito com as carícias íntimas, sobretudo, quando se acostumou a elas, pois diariamente vai aumentado o prazer que produzem. Estas correntes bioelétricas ampliam-se essencialmente e originam a transmutação das forças sexuais que descrevemos em potência mágica.

O taumaturgo deve ater-se a estas forças e manejá-las sabiamente no exercício da sua profissão.

Muitas pessoas que não conhecem nossos estudos estranham todas estas explicações, vendo nelas, talvez, somente a parte material e inclusive é possível que as qualifique de libidinosas e obscenas.

Há autores que acreditam que para obter poderes mágicos, é obrigatório o celibato. Isto não é imprescindível e em muitos casos requer-se, pelo contrário, a colaboração feminina, porque esta facilita o desenvolvimento no caminho reto da iniciação.

Dissemos que temos glândulas masculinas e femininas em virtude da nossa constituição hermafrodita e que as emanações que despede a mulher, podem ser desenvolvidas, mediante celibato, no homem. As glândulas endócrinas com seus hormônios são a fonte de força sexo-vital. Quando isto é benéfico obtém-se um poder incalculável, pois é necessário que se relacionem de um modo consciente, para proporcionar saúde e sensação de bem-estar. Tampouco podemos esquecer que em todos estes fatos, há também um aspecto verdadeiramente maligno e é o seu uso de forma sádica, o que é totalmente execrável.

Um dos filósofos gregos que aprendeu estes meios foi Lamblicus, que recebeu o título de Taumaturgo. Na realidade foi um visionário. Ele disse que há uma força ou poder que está acima das forças da natureza e que pertence à alma, que pode nos colocar em contato com seres superiores e fazer com que logremos a participação nas assembleias celestiais. Em resumo, vimos que a vida sexual não é o que muitos seres simplistas imaginam, senão algo sagrado e santo. Por isso mesmo pode dar-nos um poder mágico incomensurável.

Os sexólogos dividem o coito em quatro classes: *coitus completus, coitus interruptus, coitus reservatus e coitus sublimatus*. Este último, como indica seu nome, é o mais sublime e puro, pois é o doador de forças vitais e de saúde. Realiza-se durante a transmutação de energias comuns em forças mágicas. O método de Carícias nos proporciona a chave de uma felicidade amorosa e sexual perfeita. É um sistema de nutrição para as duas partes, em outras palavras, os dois pólos. Mediante a transmutação de energias comuns em forças mágicas exerce-se uma ação catalítica, separando-se os elementos primários da alimentação em suas partículas mais íntimas e elementares, realizando-se, por assim dizer, um intercâmbio perene de todas as nossas forças.

Este sistema de Carícias é a base da Magia Branca, enquanto que as demais aberrações constituem a base da Magia Negra. Esta última chega a transformar o caráter da mulher, tornando-a irritável e intransigente.

IX D. Já explicamos que todas as coisas são bipolares e que isto nos manifesta a contraposição que existe sempre na vida humana. O polo oposto ao dia é a noite, o da luz, a escuridão, etc. Nós, os Rosacruzes, manejamos a magia branca, que defronta a negra. O Mago branco é um instrumento de Deus e o mago negro, do demônio. O exorcismo é uma forma de magia que se aplica não apenas aos católicos, mas a todas as religiões.

Muitos duvidam se o exorcismo pertence à magia branca ou à negra. A eficácia do exorcismo depende da personalidade moral de quem a pratica e não do cargo ou da dignidade do mesmo.

Se dissermos que a manifestação humana do amor é a reunião carnal dos seres de sexo contrário, estes dois seres deverão atuar como se tratasse de um sacramento, quer dizer, praticar a magia branca.

O iniciado nos assuntos metafísicos que sejam Rosacruz deve estudar um acúmulo de recursos que lhe proporciona a magia branca, para combater a negra. Eu posso afirmar que este é o único meio para combatê-la e ainda mais, que é uma obrigação moral combatê-la, não apenas com frases, mas demonstrando a superioridade da magia branca sobre a outra e deste modo derrotando sua influência maléfica.

X D. O taumaturgo que consegue alcançar o estado de êxtase, vê imediatamente a enfermidade e o remédio infalível. É evidente que existe, como em todas as coisas, um sem fim de charlatães e de gente teatral que produzem de forma artificial visões que não são mais do que truques. Estas gentes não são de confiar porque na realidade não têm um objetivo elevado.

Nas reuniões que tivemos com Reuss, Peithmann e outros, contávamos com a assistência dos gurus, dos quais, somente alguns são conhecidos.

Destas reuniões, participava também Rudolph Steiner. Não há dúvida de que os iniciados egípcios provocavam o êxtase para lograr a clarividência e com ela usar iniciação a planos superiores. Muitas pessoas nascem já com estas faculdades clarividentes.

Este estado de êxtase assusta a primeira vez que se experimenta, mas uma vez habituado, experimenta-se uma sensação de felicidade no espírito.

O taumaturgo que logra provocar o êxtase na cabeceira do inferno, logra a cura milagrosa. Não se deve provocar o êxtase nunca com intenções exibicionistas, porque seria uma profanação.

O taumaturgo deverá fazê-lo sem que os demais se deem conta e para estar preparado, deve ler e estudar os autores antigos, sobretudo os orientais e os gnósticos.

Quando o homem chegou ao cúmulo dos conhecimentos, mediante a leitura inteligente de todos estes filósofos e identifica-se com os ensinamentos, chega ao conhecimento, a "Gnose" até chegar a unir a Pistis com a Sophia.

O taumaturgo deve acumular em si energias ocultas eletromagnéticas que podem ser transmitidas como num acumulador, por meio de talismãs e amuletos.

Os esconjuros utilizados só devem ser conhecidos pelo iniciado.